被忽视的速度

国家双边关系剧变探析

郭兵云 ◎ 著

时事出版社
北京

图书在版编目（CIP）数据

被忽视的速度：国家双边关系剧变探析/郭兵云著 .—北京：时事出版社，2024.1
ISBN 978-7-5195-0546-2

Ⅰ.①被… Ⅱ.①郭… Ⅲ.①国际关系史—研究 Ⅳ.①D819

中国国家版本馆 CIP 数据核字（2023）第 185719 号

出 版 发 行：时事出版社
地　　　址：北京市海淀区彰化路 138 号西荣阁 B 座 G2 层
邮　　　编：100097
发 行 热 线：（010）88869831　88869832
传　　　真：（010）88869875
电 子 邮 箱：shishichubanshe@ sina. com
印　　　刷：北京良义印刷科技有限公司

开本：787×1092　1/16　印张：13　字数：152 千字
2024 年 1 月第 1 版　2024 年 1 月第 1 次印刷
定价：86.00 元
（如有印装质量问题，请与本社发行部联系调换）

前　言

　　"世界上唯一不变的是变化"，双边关系亦然。各界对双边关系的变化聚焦在质变上，如第一次世界大战前夕英国与法国、英国与沙俄从敌人变成盟友，冷战时期美国与伊朗、美国与伊拉克关系的"大起大落"。学者津津乐道于上述几对双边关系的变化程度，却相对忽视了其变化速度。简言之，双边关系的变化速度长期被学界忽视，迄今鲜有对这个问题的深入研究。

　　2015—2017年，有些双边关系在短期内经历了大幅波动。2015年9月至11月，俄罗斯与土耳其因叙利亚问题引发了70年来俄（苏）土之间最严重的外交危机。2016年7月15日至8月9日，土耳其又因"未遂军事政变"而迅速恢复了与俄罗斯的关系。在这两个非常短的时段内，俄土关系经历了两次"过山车"。2017年5月23日至6月5日，在半个月内沙特、巴林等中东六国经历了与卡塔尔的断交风波，造成中东地区近年来最严重的外交危机。

　　缓慢变化的双边关系通常为当事国留下了相对充裕的应对

时间，而迅速变化的双边关系则由于时间过于短促而使当事国容易出现更多的非理性行为，进而使事态更加复杂化。后一类变化的理论价值和现实意义均高于前者。因此，本书的研究对象框定了后者。如何在理论上界定这些迅速发生质变的双边关系？为什么有些双边关系会迅速质变？其发生机制是什么？这是本书试图回答的三个核心问题。

"剧变"是本书的核心概念。本书把两国关系迅速发生质变的现象定义为"剧变"。其中，"迅速"是指两国关系变化的速度或时间，而"质变"则是指两国关系变化的程度。多快即多长时间可被界定为"迅速"？本书认为，在两年内双边关系发生了质变则可界定为"迅速"。为了更好地体现双边关系质变的程度，本书把双边关系的性质划分为盟友、伙伴、对手和敌人四类。更加丰富的双边关系性质类型能更好地体现质变程度。本书选择案例时有一个特点，近年发生的案例具有性质变化幅度相对较小但变化速度相对较快的特点，通常在半年内经历了较大起伏；而历史上发生的案例则具备变化幅度较大但变化速度较慢的特点，通常为一年到两年。

诱发双边关系剧变的主要因素是国家安全（包括领土安全和内政）和霸权（地区霸权或世界霸权），当两国在这些问题上有共同利益并认识到这些共同利益的存在时，两国关系就容易从对手或敌人关系迅速改善为伙伴或盟友关系。相反，当两国在国家安全或霸权上出现冲突利益时，双边关系就容易从盟友或伙伴关系急剧恶化为对手或敌人关系。意识形态、经贸利益、国家声望和其他利益是催化剂，会加快双边关系剧变的速度。

双边关系质变包括改善与恶化两种类型，两种不同类型剧变的发生机制基本一致。本书借鉴了物理学中的电流图来阐述双边关系剧变的发生机制。国家安全和霸权是双边关系剧变的电源，两国的认知或共识为开关。当国家领导人更替、突发事件导致两国在国家安全或霸权两个核心问题上出现共同利益或冲突利益时，双边关系就容易发生剧变。而意识形态、经贸利益、国家声望和其他利益则是电阻，它们的出现会加速双边关系剧变。双边关系迅速改善与急剧恶化的机制存在细微差别。双边关系迅速改善是一张串联电路图，必须两国都同意才可能发生，而双边关系急剧恶化则是一张并联电路图，两国中任何一方主动采取恶化措施都将引发两国关系迅速交恶。

  本书在关键概念的界定、剧变原因的归纳与分析及剧变发生机制的建构等方面均存在一些不足。囿于笔者能力，这些问题并未能有效解决。请各位读者海涵。

  本书的出版，离不开所在单位领导、师友和家人的支持。学院领导对本书的出版给予了莫大支持。导师胡宗山教授当年给予了关键性指导，程又中教授、韦红教授、赵长峰教授等老师也提出了很多宝贵建议。我的研究生冉玲玲和曹庭认真校对了本书。最后感谢我的家人尤其是我的爱人，没有他们的付出与支持，本书难以完成。

郭兵云
2023 年 12 月 5 日

目 录

绪 论 …………………………………………………………（1）
  一、选题缘起与研究意义 …………………………………（1）
  二、研究现状述评 …………………………………………（7）
  三、研究目标、方法、创新及不足 ………………………（33）
  四、主要结论与本书结构 …………………………………（39）

第一章 国家双边关系剧变的概念及判定 ………………（42）
  一、国家双边关系及理论属性 ……………………………（42）
  二、国家双边关系性质的判定 ……………………………（49）
  三、国家双边关系变化 ……………………………………（61）
  四、国家双边关系剧变及判定依据 ………………………（67）
  五、本章小结 ………………………………………………（73）

第二章 国家双边关系剧变的主要案例 …………………（74）
  一、迅速改善型国家双边关系剧变 ………………………（76）
  二、急剧恶化型国家双边关系剧变 ………………………（88）
  三、反复无常型国家双边关系剧变 ………………………（100）

四、本章小结 …………………………………………（108）

第三章　国家双边关系剧变原因探析 ………………………（114）
　　一、对国家双边关系剧变诱发因素的归纳与分析 ……（115）
　　二、国家利益效用与国家双边关系剧变 ………………（135）
　　三、本章小结 …………………………………………（150）

第四章　国家双边关系剧变的发生及防范应对机制 …………（152）
　　一、国家双边关系剧变的发生机制分析 ………………（152）
　　二、国家双边关系剧变的防范应对机制分析 …………（163）
　　三、本章小节 …………………………………………（177）

余　论 ……………………………………………………………（179）

参考文献 …………………………………………………………（184）

绪　　论

一、选题缘起与研究意义

（一）选题缘起

1905年9月，在日俄战争中战败的俄国被迫与日本签订《朴茨茅斯和约》，两年后，两国签署"日俄协约"，秘密结成了针对美国的准军事同盟。2015年11月24日，土耳其击落一架俄罗斯战机，由此引发了70年来俄（苏）土之间最严重的外交危机；2016年7月，土耳其境内发生"未遂军事政变"，8月，埃尔多安与普京在圣彼得堡会晤，并声称土俄友谊已经恢复。2017年5月23日，卡塔尔播放了据称是卡塔尔埃米尔塔米姆的讲话，该讲话支持伊朗和巴勒斯坦伊斯兰抵抗运动（哈马斯），批评美国和沙特；不到半个月，巴林、沙特等阿拉伯国家纷纷宣布与卡塔尔断交。

对于这些在短期内关系性质发生变化的双边关系，现有国际关系主流理论关注不多。一方面，现有国际关系理论以体系理论为主，三大主流国际关系理论均为体系理论，忽视了对双边关系的研究；另一方面，体系变化通常是缓慢的，而上述事件中的双边关系变化却是迅速的，体系理论在这方面的解释也相对欠缺。

双边关系以国家利益为基础处于持续变化中，如同商品的价格以价值为基础不断上下波动。双边关系在持续的变化中产生了诸多现象，如合作、结盟、冲突、战争、和平等，各类国际组织、国际机制也是在双边关系互动的基础上产生的。这些现象以及产生的国际组织、国际机制等已经成为国际关系学界的重点研究对象，并且产生了诸多影响深远的研究成果。

双边关系剧变也是国家在互动中产生的现象之一，它表现为两国关系性质的迅速变化。国家在持续的互动中形成了性质不同的关系。国家间关系性质的变化，通常以一些我们所熟知的身份来表述和界定。在国际关系中，界定两国关系最常使用的身份主要有敌人、盟友（朋友）、伙伴和对手等。当两国关系友好时，通常会冠以盟友的身份，如果两国关系矛盾不断甚至发生军事冲突，则会以敌人的身份来定位这对双边关系。不同身份对应不同性质的关系，不同性质的关系有从好到坏或从坏到好的变化阶段。虽然处于持续互动中的国家双边关系在某段时期内是相对稳定的，但从长远来看，也是变动不居的。即使是在相对稳定时期，也有细微变化。因此，变化是双边关系的常态。双边关系性质的变化，有些是缓慢的、渐进的，有些则是迅速的、跳跃的。本书把后面一种变化称为剧变。

剧变是国家双边关系中的常见现象之一，但目前有关国家双边关系剧变的研究还不够全面系统，主要存在以下三个不足：第一，并未明确界定剧变。虽然有的学者在研究某对双边关系在某段时期内的急剧变化时使用剧变一词，但并没有对剧变这一概念作出明确界定，只是想当然地使用了它，也未比较剧变与其他变化之间的区别。[①] 第二，只研究某对具体的双边关系之剧变，而没有把它升华为国际社会中的一种普遍现象进行总体研究。第三，现有研究偏重于对历史过程的还原和对剧变具体原因的分析，并未分析其发生机制，更未就国家如何应对双边关系剧变提出对策或建议。

虽然双边关系剧变这一现象较两国关系中的战争、冲突、合作等现象相对少见，但是在国际社会中仍然不乏此类现象。上述分析充分表明，研究国家双边关系剧变有自身的理论价值和现实意义。历史也同样证明了双边关系剧变在国际社会中的重要性，甚至有可能影响国际进程。例如，二战结束后美苏关系恶化为敌人，并因此开始了40多年的冷战。

基于此，本书提出并回答以下几个问题：什么是双边关系剧变？有哪些主要的、有代表性的双边关系剧变？为什么会发生双边关系剧变，即哪些因素会诱发双边关系剧变？诱发因素是如何导致双边关系剧变的？双边关系剧变的发生机制是什么？国家在防范和应对双边关系剧变时应重点注意哪些问题？

---

① 帅慧敏：《19世纪末20世纪初日俄关系巨变背后的美国因素》，《企业家天地（理论版）》2010年第6期；张淑贤：《从"仇敌"到"盟友"的剧变——1905年~1907年日俄关系分析》，《东北师大学报》1994年第4期；李玉娟：《合作 摇摆 对抗——冷战起源三阶段》，《历史教学》2006年5期。虽然这些学者在标题或文章中使用了剧变这一概念，但并未对它作出任何解释、说明。

（二）研究意义

1. 理论意义

双边关系剧变是双边关系的重要组成部分，也是国际社会中的常见现象之一，加强对双边关系剧变的研究，至少有以下三方面的理论意义。

第一，加强对结构－单元这个二重体系中单元层次的研究。在世界政治中，国际体系结构－单元主要是指国际格局中的国家。[①] 随着世界政治环境持续变化与发展，国际社会中的行为体（actor/agent）种类越来越多，但国家仍然是国际社会中最重要的行为体，双边关系仍然是世界政治中最基本、最重要的关系之一。但是纵观当前国际关系三大理论流派，即结构现实主义（包括防御性现实主义与进攻性现实主义）、新自由制度主义、结构建构主义，都是体系理论，而国家作为国际社会中最基本的单元或行为体，却在一定程度上被忽视，导致国际关系理论研究一定程度上出现了"只见森林，不见树木"的奇怪现象。对于这一点，体系理论（结构现实主义）的集大成者肯尼思·华尔兹直言不讳："也许对于结构理论最为普遍的批评是它没有考虑到国家政策和行为对国际政治的影响，在结构理论中，国家被忽略了。"[②]

第二，加强对双边关系变化多样性的研究。结构现实主义

[①] 在肯尼思·华尔兹看来，国际社会的无政府文化结构对国家的作用主要表现为国际社会中大国的数量对国家行为的影响，国际社会主要大国的数量即国际格局中"极"的数量。冷战时期国际社会是美苏两极格局，冷战后则是单极格局。

[②] ［美］肯尼思·华尔兹著，信强译：《国际政治理论》，上海人民出版社2003年版，第17页。

强调在无政府状态的作用下，国家注重相对收益轻视绝对收益，导致国家之间的合作是低度的、有限的，竞争、防范、冲突甚至战争才是国际政治的核心内容。新自由制度主义强调制度的存在增加了欺骗成本，有利于合作的实现。结构建构主义提出了霍布斯文化、洛克文化和康德文化三种性质不同的无政府文化以及敌人、对手和朋友三种相应的角色身份，但其焦点是关注前一种文化向后一种文化的进化，因此，被有的学者称为进化理论。同时，结构建构主义只见结构不见过程，变化实际上让位于稳定，"建构主义的宏观理论与其他国际关系理论一样，主要解释稳定而非变化"[①]。双边关系的剧变，既包括从盟友关系向敌人关系的剧变，也包括从敌人关系向盟友关系的剧变，还包括从盟友关系或正常关系迅速倒退至断交后的对手关系，或者从对手关系上升为盟友关系，这在一定程度上丰富了双边关系变化的多样性。

第三，加强对具体时点的研究。社会科学的目标之一就是使社会科学理论与自然科学理论一样，建立简洁且具有解释力的理论。华尔兹声称，他依据这个标准所创立的国际政治理论主要是告诉我们可以预期什么，但并非何时去预期。无法确定具体的时点是社会科学理论的弱点，其长处则在于能够解释结果。华尔兹指出，就像万有引力无法预测每一片树叶的具体飞行轨迹一样，他建立的国际政治理论也无法预测双边关系的具体走向。结构建构主义秉承了新现实主义这一理论旨趣。亚历山大·温特在《国际政治的社会理论》一书中提出的霍布斯文

[①] ［美］彼得·卡赞斯坦等编，秦亚青等译：《世界政治理论的探索与争鸣》，上海人民出版社2006年版，第296页。

化、洛克文化和康德文化三种无政府文化,也没有明确指出前者何时会向后者转变,只告诉我们可以预期什么,并没有告诉我们何时去预期。本书建立的分析框架不可能准确预测"每一片树叶"的飞行轨迹,但大体可以预测,当两国存在诱发双边关系剧变的基本条件后,在政府换届、突出事件发生后、大国崛起等时间点上,双边关系更有可能出现剧变。较之于体系理论对具体时点的故意忽视,本书更重视对具体时点的研究。

2. 现实意义

绝大多数国家有过与他国关系剧变的经历。预防和正确应对双边关系剧变,具有不同层次的现实意义。

第一,从全球视角来看,大国是国际社会中最主要的行为体,大国之间的双边关系直接影响到世界的和平与稳定。防止大国双边关系急剧恶化,促进双边关系迅速改善,有利于维护世界的和平与稳定。

第二,从地区视角来看,无论是在地缘政治层面还是在地缘经济层面,地区局势都对该地区内的各国具有重大影响。防止该地区内各国间双边关系急剧恶化,有利于该地区的和平与稳定。

第三,对于中国而言,保持与世界主要大国之间的双边关系稳定,直接关系到中国外交战略的贯彻与落实,中美关系、中俄关系等对中国外交战略具有重大战略影响的双边关系尤其如此。周边关系是中国对外关系的首要和优先方向,保持中国与周边国家的双边关系稳定,事关中国和平稳定周边环境的构建。

二、研究现状述评

在国际社会中，除了双边关系外还有诸如多边关系、国家与国际组织的关系、国家与国际体系的关系等其他关系。在现有国际关系理论中，双边关系占有什么地位？这是文献综述要回答的第一个问题。第二个问题是，国际关系理论涉及双边关系变化的主要观点有哪些？第三个问题是，不同国际关系理论对双边关系变化原因的分析，主要有哪些观点？下文将逐一进行述评。

（一）被"冷落"的双边关系研究

国际关系理论按内容来划分，有国际关系史、国际关系理论和国际形势。当然，这三者的划分只是相对的，国际关系理论研究不可能脱离国际关系史和国际形势。不论是在国际关系史研究中，还是在国际形势研究中，双边关系研究都是核心内容之一。本书所谓被"冷落"的双边关系研究，主要是指在现有国际关系理论研究中，双边关系研究处于相对边缘的位置。

1. 主流国际关系理论对双边关系的研究

双边关系是现代民族国家建立以来，世界政治中最基本也最重要的关系之一，但不论是在三大主流国际关系理论研究中还是在其他有一定影响力的国际关系理论研究中，双边关系研究基本上处于一种相对被"冷落"的地位。

第一，体系理论对双边关系研究的"冷落"。华尔兹的

《国际政治理论》一书的问世开启了国际关系理论研究的新纪元，体系理论自此成为国际关系理论研究的主导范式，在批判它的基础上发展起来的另外两大主流理论——新自由制度主义和结构建构主义，均是体系理论。三大体系理论成三足鼎立之势后，国际关系理论研究进入一个新的瓶颈期，[①] 理论范式之间的争论暂时得到平息。在此背景下，国际体系中的单元行为体以及单元之间的关系的研究——双边关系研究被相对忽视。虽然三大主流国际关系理论都强调国家是国际社会中的核心行为体，但由于其分别强调实力结构、制度结构和文化结构，[②] 均主张结构或体系决定单元的行动，因此，无论在哪种结构中，国家都处于相对次要地位。

除此之外，国际关系理论中还有其他体系理论，如伊曼纽尔·沃勒斯坦的现代世界体系理论。在《现代世界体系》一书中，沃勒斯坦提出其核心问题：假如每个社会都经历了不同的"阶段"，即有各自的"自然历史"，那么，世界体系本身的"自然历史"是什么呢？沃勒斯坦把国际结构分成三个主要组成部分——中心国家、半边缘国家和边缘国家，在此基础上分析了从16世纪到20世纪初国际社会结构的变迁。[③] 沃勒斯坦在建立其理论时，完全放弃采取主权国家或国家社会这个模糊概念作为分析单位，主张世界体系才是唯一的社会系统。[④] 显

---

① 秦亚青：《国际关系理论发展的现状》，《国际观察》2016年第1期。
② 秦亚青：《权力·制度·文化——国际政治学的三种体系理论》，《世界经济与政治》2002年第6期。
③ ［美］伊曼纽尔·沃勒斯坦著，罗荣渠等译：《现代世界体系（第一卷）》，高等教育出版社1998年版，第1—11页。
④ ［美］伊曼纽尔·沃勒斯坦著，罗荣渠等译：《现代世界体系（第一卷）》，高等教育出版社1998年版，第6页。

然，双边关系在现代世界体系理论中同样被"冷落"。

虽然在这些体系理论中，双边关系处于从属或被支配地位，但它提醒我们，在构建双边关系的理论框架时，国际环境，尤其是国际体系可能对双边关系的变化产生较大影响。因此，本书在建立双边关系剧变机制的分析框架时，将国际环境与国际体系作为重要变量纳入其中。

第二，在一体化理论中，双边关系处于从属地位。欧洲一体化进程取得的巨大成功催生了国际关系一体化理论的出现，虽然"一体化既没有人们能普遍接受的定义，也没有一系列人们认可的标准作为测量的基础"[①]，但这并不妨碍一体化理论的发展。目前已经出现了许多一体化理论，如功能主义和新功能主义等。一体化理论认为：一体化进程以共同经济市场为出发点，最终会把那些原本互相分散的政治机制和实体整合成为同一区域内覆盖范围更广的实体。[②] 一体化进程有两个核心内容：第一，它是一个从低级向高级发展的过程；第二，它是一个不断外溢的过程，即只有前一个阶段的合作达到或超过某一标准后，才会进入到下一个更高级的阶段。一体化理论的主要分析单位有两个：一是国际组织；二是问题领域。几乎找不到双边关系的"影子"。

包括功能主义和新功能主义在内的一体化理论虽然在欧洲一体化进程不断发展时倍受关注，但在欧洲一体化进程停滞不前后，不足和缺陷彰显无疑。2016年7月，英国在全民公投后

[①] [美]詹姆斯·多尔蒂、小罗伯特·普法尔茨格拉夫著，阎学通、陈寒溪等译：《争论中的国际关系理论（第五版）》，世界知识出版社2003年版，第574页。

[②] [法]达里奥·巴蒂斯特拉著，潘革平译：《国际关系理论》，社会科学文献出版社2010年版，第257页。

退出欧盟的"黑天鹅事件"加深了学者对一体化理论的质疑，一体化理论的发展遇到重大挫折，但这并没有导致它失去其理论价值和现实意义。它为预防双边关系急剧恶化提供了某些借鉴意义。

第三，在决策理论中，国家是主要分析对象，但双边关系却处于"隐身"状态。概而言之，决策就是在存在着不确定性因素的备选方案中作出选择的行为。① 在世界政治中，国家是进行外交决策最主要的行为体，因此，国家理所当然成为决策理论最主要的分析对象。国际关系理论中的体系理论把国家当作一个"黑箱子"，决策理论则是把这个"箱子"打开。决策理论打开国家这个"箱子"的主要目的就是要发现"箱子"内部哪些因素影响国家决策，以及国家是如何决策的。官僚机构、决策过程、领导者、舆论（民意）、民族特性、历史等因素都是决策理论的分析对象。② 决策理论的初衷是要通过"打开"国家这个"箱子"以理解和解释国家与外部世界的关系（双边关系自然包括在内），但当这个"箱子"被"打开"后，决策理论将主要精力都放在研究这个"箱子"的内部结构及其运作规则等内部因素上，结果，只见树木不见森林，只见局部不见整体。双边关系处于"隐身"状态。

决策理论较少直接提及双边关系，但它对国内因素的深入挖掘却值得我们在观察双边关系时认真思考。外交是内政的延伸，双边关系是外交的组成部分之一，双边关系剧变必然以国

---

① ［美］詹姆斯·多尔蒂、小罗伯特·普法尔茨格拉夫著，阎学通、陈寒溪等译：《争论中的国际关系理论（第五版）》，第585页。
② ［美］詹姆斯·多尔蒂、小罗伯特·普法尔茨格拉夫著，阎学通、陈寒溪等译：《争论中的国际关系理论（第五版）》，第585—635页。

内因素为基础。因此，第一章分析双边关系的理论属性时，明确指出它属于外交政策理论。

第四，在三角关系理论中[①]，双边关系扮演"绿叶"角色。三角关系理论虽然以双边关系为基础，但主要分析三边关系作为一个整体、一个结构的变化。其核心内容是一国行为或一国实力的增长对这个三边系统的影响。在某种程度上，三角关系理论也属于体系理论，但由于它成员少，关系相对简单，而且对大国之间三角关系的深入研究有助于维护世界的和平与稳定，因而成为一个相对独立的分析框架。

三角关系理论提醒我们，在研究双边关系剧变时，要充分考虑第三国因素。当然，在现实世界政治中，还可能有第四国力量甚至更多的外部力量影响双边关系。要建立有充足解释力的双边关系剧变分析框架，必然要把第三国甚至更多国家的影响纳入其中。

2. 其他理论（学者）对双边关系的研究

尽管在国际关系主流理论中，双边关系研究相对被"冷落"和边缘化，但还是有学者从理论上研究了一些重要的、比较有代表性的双边关系。

第一，有关崛起大国与守成大国双边关系的理论研究。2010年，中国超过日本成为世界第二大经济体，美国先后提出"重返亚太"和"亚太再平衡"战略，而中国则提出构建新型

[①] 关于"大三角"的文章，可参阅陈友谊：《论调整大三角战略格局的意义、方式和时机》，《世界经济与政治》1989年第2期；赫修民：《中美苏战略三角关系基础的变化及影响》，《世界经济与政治》1990年第2期；夏立平：《当代国际关系中的三角关系：超越均势理念》，《世界经济与政治》2002年第1期；陈民、肖铁：《战略大三角关系研究的学派介绍》，《世界经济与政治论坛》1990年第8期等。

大国关系。中国学者认为，中美通过构建新型大国关系，最终能够避免"修昔底德陷阱"。① 虽然按照华尔兹的结构现实主义理论，崛起大国与守成大国之间的关系一定程度上属于体系理论，但它无疑是双边关系，是相对特殊的双边关系。

第二，威胁－利益模式。何楷在改进新古典现实主义的基础上，提出了威胁－利益模式。何楷借助威胁－利益模式，分析了1949年至2015年的中美关系。他认为，中美关系的本质，既不是合作，也不是竞争，而是两国领导人对两国安全威胁和经济利益的认知。如何管理两国领导人对彼此的认知，如何在合作与竞争之间找到平衡点，是未来中美两国领导人处理中美关系的关键所在。②

第三，"要约－回应"机制。国家与国际组织，如中国与东盟、中国与欧盟的双边关系，本质上也是双边关系。总体而言，中国与东盟关系处于发展和上升期。如何认识20多年来中国与东盟在经济合作领域取得的进步？王玉主提出了"要约－回应"机制。所谓"要约－回应"机制，是指双方在合作过程中，一方从自身利益出发向另一方提出合作倡议，另一方基于本国利益就此合作倡议向对方做出回应的过程。两国合作通常要经过多次博弈才可能实现。虽然发出要约以及对方作

---

① 胡宗山、余珍艳：《"修昔底德陷阱"与中美关系》，《社会主义研究》2017年第6期；苏长和：《共生型国际体系的可能——在一个多极世界中如何构建新型大国关系》，《世界经济与政治》2013年第9期；巴里·布赞、节大磊：《划时代变迁中的大国关系》，《国际政治研究》2014年第1期；徐坚：《构建中美新型大国关系的历史条件与主要问题》，《国际问题研究》2013年第2期；高琪：《正确解读中美新型大国关系》，《当代世界》2014年第4期；牛新春：《关于中美"新型大国关系"的几点思考》，《和平与发展》2013年第2期。

② He Kai, "Explaining United States-China Relations: Neoclassical Realism and the Nexus of Treat-Interest Perceptions," Pacific Review, Vol. 30, Issue 2, 2017.

出回应后不一定必然实现合作,但没有要约和回应,就一定没有合作。①

第四,瑕疵双边关系理论。所谓瑕疵双边关系,是指存在领土主权争端的双边关系。根据逻辑演进方向,可从两个视角观察瑕疵双边关系:一是以瑕疵为导向,即以存在争端的领土主权为导向,观察瑕疵的不同性质和不同状态的排列组合所构成的瑕疵指数体系。瑕疵指数的高低决定双边关系的发展状态或发展水平。二是以双边关系为导向,通过观察双边关系的总体发展水平来考察瑕疵对双边关系的影响。换言之,两国关系总体状态的好坏,会反过来影响瑕疵指数的高低。② 观察瑕疵指数、认识瑕疵理论的作用机制,有助于分析和理解存在领土主权争端的双边关系的演变规律。

第五,影响双边关系的常量与变量。在处于不断变化的双边关系中,双边关系是因变量,导致双边关系变化的因素则是自变量。导致双边关系变化的因素有哪些?这是很多学者非常关心的问题,刘鹏分析了美国与缅甸双边关系中的常量与自变量。刘鹏认为,美缅关系受常量和自变量的影响。其中,常量对美缅关系的影响相对稳定,而自变量的影响则难以确定。美缅关系中,美国的常量利益包括:防止缅甸发展核武器;释放昂山素季并参与缅甸的政治进程;在缅甸实现所谓"美式民主";保护美国在缅甸的经济利益。缅甸的常量利益包括:维持缅甸的主权和独立;维护缅甸的国家统一;追求国际认可,

---

① 王玉主:《"要约-回应"机制与中国-东盟经济合作》,《世界经济与政治》2011年第10期。
② 王峥:《瑕疵双边关系理论和南海争端下的中菲与中马关系比较研究》,《亚太安全与海洋研究》2017年第2期。

获取美国的支持及促进国内发展。美缅关系中的自变量包括：昂山素季的态度和缅甸国内政治，解决地方武装力量及国内和平。[①] 虽然刘鹏只是以美缅关系为个案，所分析的影响双边关系的常量与自变量是美国和缅甸的具体国家利益，但这种思路和方法同样可以用于分析其他双边关系。

（二）国家双边关系变化

世界上唯一不变的是变化本身，国家间关系同样如此。在某个特定的时期内，国家间关系是相对稳定的，但就其长期发展来看，则一定是变化的；即使在相对稳定的时期内，也会出现小的起伏和波折。不同学者及不同理论流派的理论旨趣不同、核心假设不同，因此，他们对国家间关系变化的关注重点有所差异。本部分将从双边关系性质的变化以及双边关系变化周期两个方面梳理相关研究。

1. 双边关系性质变化的研究现状

双边关系总体而言是变动的，其中，有些变化是细小的、轻微的，这类变化为量变；有些变化则是巨大的、震荡的，这类变化为质变。双边关系从冲突到合作，可以划分为不同状态，不同状态的关系通常会以身份来表示，敌人、盟友、伙伴、对手等身份是最经常使用的表示双边关系性质的概念。本书所谓双边关系性质的变化，就是指两国关系从一种性质变化到另一种性质。我们通常把双边关系从冲突状态向友好状态转

[①] Peng Liu, "US-Myanmar Bilateral Relations: 'Constant Variables' and 'Independent Variables'," Annual Report on the Development of International Relations in the Indian Ocean Region (2014), pp. 223–253.

变称为改善或上升，从友好状态向冲突状态转变称为恶化或下降。在这个意义上，双边关系性质的变化就是双边关系方向的变化。

（1）三大主流国际关系理论关于双边关系性质变化的主要观点

不同国际关系理论的逻辑起点不同，关注焦点不同，因此，对双边关系性质的变化也有不同的认识和判断。

结构现实主义的下降型加循环型变化观。结构现实主义对国家间关系变化的认识，可概括为：（国家之间）没有永久的朋友，也没有永久的敌人，只有永久的利益。在结构现实主义理论范式中，尚无具体的理论分支专门研究双边关系的剧变，但根据其理论逻辑可以推断，国家间关系变化的剧烈程度与国家利益的重要性成正比关系。换而言之，在双边关系中，当一国损害或维护另一国利益的等级越高时，双边关系剧变的时间越快、变化幅度越大。

表面上看，结构现实主义关注国际关系（包括双边关系）中所有性质的变化（包括剧变），但根据其理论逻辑，它更偏好关系恶化方向上的变化。不论是古典现实主义还是结构现实主义，都强调国家合作的有限性。古典现实主义从人性"恶"的逻辑起点出发，认为人性的原因加上国际社会的无政府性质，追求权力最大化的国家之间充满猜忌和怀疑，因此，国家间的合作只是权宜之计，不可能长久，更不可能深入。结构现实主义则认为，国家处于无政府社会这种特殊的环境中，各国为了维护本国安全，担心在合作过程中他国的相对收益超过本国的相对收益，最终危及本国安全而有意限制合作甚至放弃合作。

可见，结构现实主义是一种悲观论。根据结构现实主义的理论逻辑，在双边关系变化这个问题上，我们可以得出以下结论：（国家之间）没有永久的关系，只有永久的防范。总而言之，结构现实主义是一种"悲观的理论"，是"历史循环理论"。① 如何才能让国家间关系走出结构现实主义的悲观论？很多学者为此不断探索。其中，新自由制度主义发现了在国际社会中部分限制人性的"恶"及无政府性质的因素，它们的存在能促进国际合作。

新自由制度主义的水平型变化观。罗伯特·基欧汉认为，国家间的关系大体可分为三类：和谐关系、合作关系以及敌对关系。和谐关系在国际社会中只是一种理想状态，在现实生活中几乎不可能存在；而合作关系是指国家之间有矛盾，但通过相互协调最终可以实现合作，实现国家利益的双赢或多赢；敌对关系更多的属于结构现实主义的研究内容，新自由制度主义较少研究国家间的敌对关系。

复合相互依赖理论发现，尽管国家间的相互依赖存在不对称性、敏感性和脆弱性，但经济、安全等方面的相互依赖有助于弱化无政府性质对国家合作的限制。当国家间的相互依赖程度越高，且大体上是一种对称相互依赖时，国家间发生战争的可能性就越低。新自由制度主义则认为，国际机制会增加国家欺骗行为的成本，有利于减少国家间合作阻力，限制无政府状态下各国间的不合作行为，最终促进国际合作。

新自由制度主义是基欧汉在复合相互依赖理论的基础上发

---

① ［美］亚历山大·温特著，秦亚青译：《国际政治的社会理论》，上海人民出版社 2000 年版，前言第 30 页。

展起来的合作理论，在《权力与相互依赖》一书中，我们还多少能找到双边关系变化多样性的"影子"。有些学者明确指出，相互依赖既会促进合作，也会引发冲突，但书的主旨是分析在新的国际环境中，国家之间冲突成本过高，合作的可能性更大。但在《霸权之后：世界政治经济中的合作与纷争》一书中，基欧汉则只分析了制度对促进合作的作用。在双边关系中，他只关注合作这一个侧面，因此，其变化观可称为水平型变化观。

结构建构主义的上升型变化观。借助符号互动理论，结构建构主义建立的无政府文化结构是由国家建构的理论框架：国际社会由国际结构、行为体以及过程三部分组成，行为体和国际结构在进程中相互建构。国家之间的互动建构了三种不同的无政府文化，而三种不同的无政府文化被建构后，则会建构在这些结构中互动的行为体的角色身份。三种不同的无政府文化分别是霍布斯文化、洛克文化和康德文化，相对应的角色身份分别是敌人、对手和朋友。就无政府文化的变化性质来看，是螺旋式上升或波浪式前进，具体表现为从霍布斯文化发展到洛克文化，再从洛克文化发展到康德文化，而国家之间的关系也将从敌人关系进化到对手关系，最后再发展成朋友关系。根据温特的判断，当前国际社会的无政府文化结构主要是洛克文化，同时在局部地区和部分国家之间还存在霍布斯文化和康德文化。当洛克文化中存在四个主变量时，无政府文化可能会转变为康德文化。总而言之，温特认为，国际社会不会倒退，而是会朝着世界政治政府和某种意义上的世界大同方向发展。可见，温特的结构建构主义是一种"乐观的理论"，是一种"人类社会进化的理论"。①

由此可见，结构建构主义的关注焦点是无政府文化性质的变化，双边关系的变化被包裹在无政府文化的变化中。因此，我们根据温特建构的无政府文化变化逻辑，可以推断出他对于双边关系是持向前或向上发展的线性上升型变化观，温特的建构主义也被有的学者称为进化理论。

（2）其他理论（学者）关于双边关系性质变化的观点

除了三大主流国际关系理论外，其他国际关系理论对双边关系性质的变化也有自己的看法或判断，比较有代表性的有：

过程建构主义的上升观。秦亚青提出的过程建构主义与结构建构主义的核心区别是，前者强调过程，后者虽然也指出了结构在过程中被建构，但更强调结构而忽视了过程。过程建构主义认为，过程孕育了规范，同时，也培育了集体感情，并形成"元关系"。在规范和集体感情的作用下，双边关系总体而言是不断改善的、上升的。②

退化机制理论的下降观。进化理论最大的缺陷是变化的单向性，这明显与世界政治的经验事实不相符。不论国家间关系还是国际机制，既有进化，也有退化。研究国际社会中退化现象的学者从结构建构主义理论框架出发，构建了国际关系的退化机制。国际机制的进化与退化主要取决于它与国家身份的吻合度及国内的有效支持度，当国际机制与国家身份的吻合度及国内的有效支持度越高，国际机制就会进化，反之则会退化。

---

① ［美］亚历山大·温特著，秦亚青译：《国际政治的社会理论》，上海人民出版社2000年版，第30页。
② 秦亚青：《关系与过程——中国国际关系理论的文化建构》，上海人民出版社2012年版，第35—58页。

国家间关系从盟友关系恶化为敌人关系，或从敌人关系改善为盟友关系，其内在逻辑与国际机制的进化或退化基本相同。赵广成建立的退化机制理论进一步完善了结构建构主义，使之成为一个"能进能退"的理论。①

角色理论的反复变化观。国家角色的观念暗中贯穿于描述当代国际体系主要特征的各类文献中。如果我们知道了国际体系中的政策制定者对有关角色概念的分析，就能对国际体系的进程、双边关系的变化进行一定的预测。② 四种不同性质的关系一定程度上就是四种不同的角色。根据角色理论，每对双边关系中的两国都扮演了某种角色。这种角色并不是固定不变的，也并不必然是上升或下降的。在角色理论中，角色标准或者说决定角色意义的一套标准是动态的、自我管理的控制体系。③ 不同情境会激活不同角色，不同角色意味着两国关系处于不同的状态。

总而言之，三大主流国际关系理论对双边关系性质变化的观点差异较大，结构建构主义更加关注双边关系从坏到好的进化；结构现实主义大体与此相反，更加关心双边关系从好到坏的退化，但同时又认为，两国利益是变化的，因此，双边关系性质变化也是无常的，在方向上是反复的；新自由制度主义则只聚焦于国家间的合作关系，对其他方向的变化关注甚少，故在变化方向上称之为水平型变化观。而其他学

---

① 赵广成：《从合作到冲突：国际关系的退化机制分析》，世界知识出版社2011年版。

② K. J. Holsti, "National Role Conceptions in the Study of Foreign Policy," International studies Quarterly, Vol. 14, No. 3, 1970.

③ Peter J. Burke, "Identity Change," Social Psychology Quarterly, Vol. 69, No. 1, 2006.

者关于双边关系性质变化的观点,并没有超出这四种基本方向:上升、下降、反复和水平。由于不存在绝对意义上的水平方向,因此,我们把双边关系变化方向确定为上升、下降和反复三个基本类型。

2. 关于双边关系变化周期的研究现状

相较于双边关系性质的变化,较少学者研究双边关系的变化周期。更多学者关注和研究的是双边关系从一种性质变成另一种性质的过程及其背后的原因,但很少有学者专门研究双边关系从一种性质变成另一种性质的速度。因此,关于双边关系速度的变化,较少有学者在其理论中明确提出,本书主要根据其理论逻辑推演出其理论中暗含的变化速度。两国关系并不是固定不变的,其变化方向或从上升到下降,或从下降到上升,或从下降到上升再到下降,或从上升到下降再到上升,通常会有一个长短不一的过程,即变化周期。① 当双边关系长期稳定时,变化周期长、频率低;当双边关系不稳定时,变化周期短、频率高。双边关系的周期大体可以分为长周期、短周期以及无固定周期。

(1) 三大主流国际关系理论关于双边关系变化周期的观点

三大主流国际关系理论虽然没有明确提出关于双边关系变化速度的观点,但我们根据其理论逻辑,可以推演出它们的相关的观点。

---

① 关于国际体系变化周期或大国兴衰周期的观点,可参考下列著作:[美]罗伯特·吉尔平著,武军等译:《世界政治中的战争与变革》,中国人民大学出版社 1994 年版;[美]保罗·肯尼迪著,蒋葆英等译:《大国的兴衰》,中国经济出版社 1989 年版;[美]伊曼纽尔·沃勒斯坦著,罗荣渠等译:《现代世界体系(第一卷)》,高等教育出版社 1998 年版。

结构现实主义的变化周期。结构现实主义认为，国家之间只有利益是永久的，敌人、盟友、伙伴、对手等不同性质的双边关系都是暂时的。一般而言，发展与不同国家的双边关系是国家落实和实现本国外交战略的重要组成部分。在这个意义上，双边关系属于外交范畴，而不属于华尔兹结构现实主义理论中的国际关系理论范畴。但是，当双边关系是大国关系时，由于它具有一定的国际体系性质，因此在一定程度上也属于国际关系理论范畴。一言以蔽之，不管是大国间的双边关系，还是其他国家间的双边关系，均是一国外交的组成部分。汉斯·摩根索认为，外交有四重任务：一是根据实际或潜在的可用于追求目标的权力来决定自己的目标；二是评估他国的目标和他国实际或潜在的可用于追求目标的权力；三是确定两国不同的目标在多大程度上一致；四是利用适于追求其目标的手段。① 这四重任务可以归纳为大家耳熟能详的一句话：双边关系是建立在两国共同利益基础之上的。当共同利益发生变化时，双边关系可能会发生变化。当两国共同利益一直没有大的变化，则双边关系一直稳定；当两国共同利益变化频繁，则双边关系处于不断调整中。由于结构现实主义并没有指出在什么情况下两国共同利益会发生变化，因此，我们并不清楚双边关系变化的周期长短，换言之，结构现实主义在双边关系变化周期这个问题上，持无固定周期观。

　　新自由制度主义的变化周期。复合相互依赖理论不是一个完全的双边关系理论，敏感性与脆弱性这两个概念主要是用来

---

① ［美］汉斯·摩根索著，徐昕、郝望等译：《国家间政治：寻求权力与和平的斗争》，中国人民公安大学出版社1990年版，第651页。

分析在经济、文化等领域相互依赖的世界中，国际社会出现的新特点。但我们可以通过敏感性与脆弱性这两个核心概念来分析双边关系的变化。敏感性涉及在某种政策框架内所做反应的程度，即某国发生的变化导致另一国有代价的变化的速度有多快，所付的代价有多大。① 脆弱性可以定义为行为体因外部事件所强加的代价而受损失的程度，甚至包括政策变化后的情况。② 根据这个概念框架，我们可以推断出，在一对双边关系中，当一国对另一国的敏感性和脆弱性发生质变时，这对双边关系就会发生变化。③ 但是，我们并不知道这种变化在何时发生，"衡量脆弱性依赖的标准只能是，在一段时间为适应变化了的环境而作出有效调整应付的代价"④。在这里，我们不能确定"一段时间"是多长，我们难以确定相互依赖理论的变化周期观。

新自由制度主义也是一种体系理论，较少直接涉及双边关系的变化周期；但根据其理论逻辑，我们可以推断出双边关系的变化周期。新自由制度主义认为，国家通过制度获得良好的声誉，同时还能通过制度向其他国家提供高质量的信息，进而

---

① [美] 罗伯特·基欧汉、约瑟夫·奈著，林茂辉、段胜武等译：《权力与相互依赖》，中国人民公安大学出版社1992年版，第12页。

② [美] 罗伯特·基欧汉、约瑟夫·奈著，林茂辉、段胜武等译：《权力与相互依赖》，中国人民公安大学出版社1992年版，第14页。

③ 敏感性与脆弱性两者谁更重要，作者更加强调脆弱性，"在为行为体提供权力方面，脆弱性相互依赖比敏感性相互依赖更为重要。如果某一行为体能够通过调整对内或对外政策来减少所付代价，那么敏感性相互依赖对于获取权力的作用就不大"。但作者并没有完全忽视敏感性的重要性，"敏感性剧增经常导致对相互依赖的不满和改变这种关系的政治行动"。参考 [美] 罗伯特·基欧汉、约瑟夫·奈著，林茂辉、段胜武等译：《权力与相互依赖》，中国人民公安大学出版社1992年版，第18页。

④ [美] 罗伯特·基欧汉、约瑟夫·奈著，林茂辉、段胜武等译：《权力与相互依赖》，中国人民公安大学出版社1992年版，第14页。

实现国家间的合作；当一国声誉变差，并且不能向另一国提供高质量的信息时，两国的合作关系可能结束，双边关系由此发生变化。① 基欧汉主要关注那些持续存在的、有价值的国际制度，因为"维护这些制度的难度比建立新制度的难度要小得多，而如果没有这些制度，我们就必须付出巨大的代价去发明和建立相应的制度"②。这些制度的变化相对缓慢，因此，国家在这些制度内的合作也是长期的，虽然在合作过程中会产生一些分歧，但并不会轻易走向冲突或对抗，因此，两国之间的合作是长期的。

结构建构主义的变化周期。结构建构主义关于双边关系变化周期的观点，可以从宏观和微观两个层面进行分析。从宏观层面，即从体系层面或结构层面来看，结构建构主义是一种长周期观。结构建构主义认为，文化结构是会发生变化的，但这种变化并不会轻易发生，相反，由于文化是自我预言的实现，集体文化结构一旦被建构就很难发生变化。某一地区或某一问题领域内的集体文化结构变化后，会重新建构该体系内各成员间的角色身份。由于体系结构很难发生变化，是一种长周期的变化，因此，体系内各成员间的双边关系也是长周期的。

从微观层面，即从单元或行为体层面来看，双边关系的变化无固定周期。温特认为，国家在微观层面通过自然选择和文化选择两种逻辑形成身份，其中文化选择又包括模仿和社会习得两种选择机制。在关于身份形成的不同机制中，他只重点介

---

① ［美］罗伯特·基欧汉著，苏长和、信强等译：《霸权之后：世界政治经济中的合作与纷争》，上海人民出版社2001年版，第307页。

② ［美］罗伯特·基欧汉著，苏长和、信强等译：《霸权之后：世界政治经济中的合作与纷争》，上海人民出版社2001年版，第293页。

绍了社会习得机制,自然选择和文化选择中的模仿机制只是点到为止。因此,要认识微观层面双边关系的变化周期,就要认真分析社会习得机制。借助乔治·米德的符号互动理论,温特详细介绍了社会习得机制,把身份的建构分解为四个阶段:第一阶段,自我根据对情景的预设定义采取行动;第二阶段,他者思考自我所采取的行动之意义;第三阶段,他者根据对情景的定义采取行动;第四阶段,自我根据他者的行动作出回应。[①]温特并没有指出完成这个过程的周期长短,而只是指出,"经过一段时间,当他者和自我根据相互的行动反映出来的对自我和他者的再现而作出相互调整的时候,他们关于自己的身份或利益的观念就会反映出对他者的评判"。[②] 在宏观层面,温特明确指出集体文化结构改变起来非常困难,而在微观层面,他只是提到"经过一段时间",并没有指出这段时间的长短。据此,我们认为,在微观层面,结构建构主义持无固定周期观。但由于温特的主要目的是建构一个体系理论,微观层面服从和服务于宏观层面,所以总体而言,结构建构主义在双边关系的变化周期这个问题上,持长周期观。

(2)其他理论(学者)关于双边关系变化速度的观点

其他理论(学者)与三大主流国际关系理论一样,较少直接关注双边关系的变化速度,但根据其理论逻辑可以推断其中暗含的变化速度。

知觉理论的变化周期。这里所谓的知觉理论,主要是指罗

[①] [美]亚历山大·温特著,秦亚青译:《国际政治的社会理论》,上海人民出版社2000年版,第416页。

[②] [美]亚历山大·温特著,秦亚青译:《国际政治的社会理论》,上海人民出版社2000年版,第420页。

伯特·杰维斯的知觉理论。知觉理论在本质上与符号互动理论相一致①，两者均可归类于心理学理论，两者都以自我和他者为基础展开各自的理论逻辑。杰维斯重点分析了哪些原因会导致自我对他者形成偏见，即错误知觉，并分析了在认知相符、诱发定势、从历史中学习以及态度转变四个知觉过程中，错误知觉的形成和发生机制。②而乔治·米德则通过分析自我与他者的互动实现自我社会化的过程。杰维斯关注自我认知中不变的内容，而米德则大体与此相反，强调自我通过改变而实现社会化。杰维斯分析错误知觉的长期存在，在某种程度上是一种路径依赖，据此，我们可以推断，知觉理论持长周期观。

社会演化理论的变化周期。唐世平提出的社会演化理论范式虽然没有具体讨论双边关系的变化速度或变化周期，但通过他对国际体系变迁过程的分析可以推断出处于不同体系中的双边关系变化速度不同。在霍布斯式的、进攻性现实主义主导下的世界里，双边关系性质变化通常是迅速的；在相对和平的防御性现实主义主导下的世界里，双边关系性质变化相对较慢；而在1945年后更加和平和规则化的世界中，双边关系的变化则是极其缓慢的。③可见，在唐世平的社会演化理论范式下，双边关系变化速度因体系性质而异。唐世平提出的三种不同的国际体系，与温特提出的霍布斯文化、洛克文化和康德文化极其相近。

---

① 关于符号互动理论，可参阅［美］乔治·H.米德著，赵月瑟、王展鹏译：《心灵、自我与社会》，上海译文出版社2005年版。
② ［美］罗伯特·杰维斯著，秦亚青译：《国际政治中的知觉与错误知觉》，世界知识出版社2003年版，第112—330页。
③ 唐世平：《国际政治的社会演化：从公元前8000年到未来》，《复旦学报（社会科学版）》2017年第4期。

假朋友理论的变化周期。阎学通的假朋友理论背后的逻辑是，由于两国之间存在结构性矛盾，即使通过假朋友理论能暂时缓和这种矛盾，但终究不能阻止双边关系的动荡。处于动荡中的双边关系，无疑是经常变化的，且变化速度通常是迅速的。①

总之，在双边关系变化周期这个问题上，虽然不同理论（学者）持不同观点，但通过分析可以发现，双边关系的周期大体可以分为长周期、短周期和无固定周期三种。

（三）国家双边关系变化的原因

国家间关系的变化都是由一定的原因引发的，不论是关系的进化、退化，还是剧变，概莫能外。从不同层面、不同视角，可以归纳出不同的原因。本书仍然从三大主流国际关系理论与其他理论（学者）这两个方面来进行分析。

1. 三大主流国际关系理论关于双边关系变化原因的观点

秦亚青在《权力·制度·文化——国际政治学的三种体系理论》一文中分别用权力、制度和文化指代结构现实主义、新自由制度主义和结构建构主义三大主流国际关系理论。借鉴秦亚青的观点，笔者用利益说、成本说和身份说三个概念来分别指代结构现实主义、新自由制度主义和结构建构主义。

利益说（也可以称之为权力说或安全说）。对于国家间关系的变化，结构现实主义看上去似乎有足够的动力——国家利益。但仔细思考就会发现，利益一词过于宽泛，如果只是泛泛

---

① 阎学通：《对中美关系不稳定性的分析》，《世界经济与政治》2010年第12期。

谈国家利益，它容易变成一个包罗万象的概念。正如结构建构主义批评利益说时所指出的，国家利益并不是显而易见的，即使在冷战时期，美国和苏联也围绕哪些是本国的国家利益、哪些是本国的重要利益、如何实现国家利益等问题争论不休。结构现实主义学者也认识到这个问题，不同学派的现实主义学者对利益说的核心内容界定也有所不同。

古典现实主义（主要是摩根索的人性现实主义）认为，由于人性是"恶"的，国家为了自身安全，总是在寻求本国权力最大化的同时限制其他国家权力的增强。华尔兹对人性现实主义进行了两点修正：第一，是"无政府"而不是人性"恶"导致国家之间相互猜疑、相互防范；第二，国家寻求的最主要目标是安全最大化而不是权力最大化，因为在国际社会中，没有哪个国家的权力可以大到超过其他所有国家的实力总和。当一国的权力强大到足够保证其安全时，就不会再去寻求更大的权力，因为那会导致其他国家的共同反对，最终得不偿失。米尔斯海默综合了摩根索和华尔兹两人的观点，认为在无政府社会中，国家为了维护本国安全，将追求本国权力最大化，大国间无法摆脱走向冲突甚至战争的悲剧。

结构现实主义的利益说无疑具有较强的解释力，但它至少受到两方面的挑战。一方面，正如结构建构主义所批评的那样，国家在不知道自己是"谁"，即自己身份之前，不可能知道本国的国家利益。此外，国家利益的内容因双边关系的不同而不同。温特多次指出，英国拥有核武器与朝鲜拥有核武器对美国的意义存在本质区别；另一方面，国家不论是寻求权力最大化还是安全最大化，都受到成本限制，这种成本可能来自于国家间的复合相互依赖，也可能来自于制度的限制。

成本说。结构现实主义强调利益是国家间关系变化（剧变）的主要原因，而新自由制度主义则认为原因是成本。新自由制度主义的成本说又可分为复合相互依赖说和制度说。复合相互依赖说认为，当国家之间在经济或安全等领域是复合相互依赖关系时，一方面，由于相互依赖会导致战争成本过高，因而能缓解甚至阻止两国发生武装冲突；另一方面，相互依赖会密切两国关系，进而促进两国关系向前、向上发展。国家之间在复合相互依赖的情境中，更容易选择非武力手段解决分歧，国家之间的合作也相对更容易。制度说则认为，在国际制度内进行的重复博弈，将使欺诈行为付出高昂成本从而使国家即使在无政府状态下也会选择合作。

归根到底，成本也是一种利益，因此，在一定程度上，成本说可以归属于利益说。但由于新自由制度主义的成本说背后关注的是相互依赖和制度等变量，更加重要的是，成本说的落脚点是国家间的相互信任和相互合作，而不是相互猜疑或相互斗争，这是这两个理论范式不可"通约"之处，同时构成了两大理论范式之间的本质区别。

成本说的不足之处主要有两点：第一，两国在某一问题领域内的复合相互依赖关系并未有效阻止两国关系在其他领域的恶化或剧变；第二，它只认识到制度的管制作用，没有发现它的建构作用。结构建构主义认为，制度既能管制国家行为，也能建构一国身份。一旦国家内化了这种制度，国家就被建构了相应的身份，而身份决定国家行动，因为身份决定利益。

身份说（也可以称之为关系说）。结构建构主义的核心假定是：身份决定利益，利益决定行为。背后逻辑是身份决定行为。身份和利益是变化的，而不是给定的或固定不变的。结构建构主义把身份和利益作为内生于互动（进程）的因素，因此是进程中的一个因变量①，即进程建构了身份和利益的变化。结构建构主义认为，两个不同层面的互动会建构身份的变化。微观层面，即国家在单元层面的互动建构了本国与他国的角色身份，国家在互动中获得了本国及对方的角色身份，对方也获得了对方以及本国的角色身份。宏观层面，国际结构建构了结构内部各国之间的角色身份。当国际结构是局部性的，它就建构了部分国家之间的角色身份；当国际结构是世界性的，它则在世界范围内建构了各国之间的角色身份。②

虽然结构建构主义在其持续发展的过程中，对关系变化的解释力不断增强，但它在解释双边关系或国际机制的进化与退化时，仍然存在以下两个不足：第一，无法解释双边关系进化或退化的跳跃性；第二，动力缺失。对于国际机制而言，其动力问题是，国家为什么要参与这个机制？对于双边关系而言，则是国家为什么要与其他国家发展双边关系？身份决定国家行动，是指两国确定双边关系的性质之后，两国之间的行动按照相应的规范行事。但国家为什么会选择这种性质的身份而不是其他性质的身份？国家之间为什么要进行交往？这是结构建构主义忽视的重要内容之一。

---

① ［美］亚历山大·温特著，秦亚青译：《国际政治的社会理论》，上海人民出版社2000年版，第423页。

② 温特认为，当前国际社会的无政府文化结构是洛克文化，而1648年形成威斯特伐利亚体系后较长时期内，国际社会的无政府文化结构是霍布斯文化。温特的这种观点有两个严重缺陷：第一，与经验世界的现实存在较大差距。目前世界各国之间更多的是伙伴关系而不是对手关系。此外，美国与其众多盟友之间是盟友关系。第二，西方文化中心主义。在欧洲霍布斯文化盛行之际，中国所在的东方世界是一种朝贡体系，各国之间不是敌人关系。

2. 其他理论（学者）关于双边关系变化原因的观点

其他理论（学者）对于双边关系变化原因的观点，有些方面与三大主流国际关系理论相同，有些则不相同。为避免重复，我们只分析与三大主流国际关系理论观点不同的理论。

知觉说。较之于三大主流国际关系理论，知觉说更注重从国家领导人的层面寻找国家间关系发生变化的原因。杰维斯认为，重要的决策者和政策执行者在国际关系中具有不可忽视的作用。由于不同国家领导人对同一客观世界有不同的认知和理解，这必然会导致不同的决策和执行力。同时，作为决策者的个人具有不可避免的认知局限，因此，国际政治中必然存在错误知觉。错误知觉的存在会导致以下现象的发生——在两国均不希望发生冲突，甚至本可以进行合作的条件下，两国最终拒绝合作而走向冲突甚至是战争。换言之，错误知觉是两国关系发生剧变的重要原因。[1] 知觉说有其理论价值，但就其对于双边关系剧变的解释力而言，也存在明显不足，对于双边关系的剧变而言，杰维斯的知觉说能较好地解释双边关系急剧恶化的原因，但无法有效解释双边关系迅速改善的原因。

道义说。阎学通的道义现实主义理论认为，当国家的实力达到主导国或崛起国的水平时，道义的有无与水平的高低会直接影响大国的国家战略。虽然道义现实主义主要分析道义对大国外交战略的影响，但外交战略的效果主要是通过具体的双边关系来实现的。[2] 换言之，道义的有无或水平高低直接影响大国与其他国家的关系，最终影响大国外交战略的效用。

---

[1] ［美］罗伯特·杰维斯著，秦亚青译：《国际政治中的知觉与错误知觉》，世界知识出版社 2003 年版，第 284—292 页。

[2] 阎学通：《道义现实主义的国际关系理论》，《国际问题研究》2014 年第 5 期。

政策说。政策说主要是指国家制定的某些政策不符合或损害他国利益，最终导致两国关系急剧恶化。对于小国而言，对多个大国保持忠诚是提高其在国际体系中的战略位置的常用手段。然而，当大国之间关系不友好时，一旦小国的外交政策失误，就会事与愿违。其中有代表性的例子是乌克兰危机。[①]

精英说。当一国政府尤其是外交部门中的精英对他国态度发生变化时，双边关系有可能发生变化。有时候，这种变化是缓慢的。2012—2013年德俄关系的缓慢变化就是这方面较有代表性的案例。自20世纪60年代"东方政策"以来，德国都强调与俄罗斯（包括苏联）的经济关系和经济合作，而不是政治上的不一致，德国统一后也没有改变这一基本政策。从2012年开始，德国的这一基本政策开始发生变化。这种变化，虽然与外部的大国关系、国内政治以及国家利益不无关系，但核心原因是国家领导人和外交政策中精英人士态度的变化。[②] 政府换届，即国家领导人的更替在一定程度上也可以归到这一理论中来。国家领导人是一国政治领域、外交领域的精英，他们的变化有时也会导致双边关系发生变化。如，加拿大总理选举有时候会直接影响加拿大与美国关系的稳定性。[③]

关于双边关系变化的原因，不同理论流派、不同学者由于研究的问题不同，观察的视角或层次不同，得出的结论也不相

[①] Bolgova Irina, "Transnistrian Strategy in the Context of Russian – Ukrainian Relations: the Rise and Failure of 'dual alignment'," Journal of Southeast European & Black Sea Studies, Vol. 16, Issue 1, 2016.

[②] Forsberg Tuomas, "From Ostpolitik to 'frostpolitik'? Merkel, Putin and German foreign policy towards Russia," International Affairs, Vol. 92, Issue 1, 2016.

[③] Young Lisa, "Electoral Instability in Canada: Implications for the Canada-U. S. Relationship," American Review of Canadian Studies, Vol. 37, Issue 1, 2007.

同。本书只是介绍了几种比较有代表性的观点。关于这些不同原因或因素之间的关系，在第三章分析双边关系剧变的诱发因素时将深入分析。

（四）研究述评

通过对上述三个问题的文献梳理我们发现：

第一，双边关系在体系理论盛行的大背景下，是一个相对容易被忽视的内容。虽然具体的双边关系理论、分析框架较少，但是这些体系理论对于分析和认识双边关系以及建立双边关系分析框架仍然大有裨益。一方面，不同理论流派均不同程度的存在与双边关系相关的内容；另一方面，体系理论的运行逻辑在某些情况下就是双边关系的运行逻辑。体系理论在这两个方面为建立双边关系剧变的分析框架提供了必要的理论养分。

第二，在双边关系的变化方面，大部分已有理论侧重于变化的某一层面、某一方面或某一阶段。结构建构主义建立的是一种渐进式的进化理论，重点关注无政府文化结构从低级向高级的进化，间接包含了两国从敌人关系改善为对手关系，再从对手关系改善为盟友关系的逐级进化逻辑。其他结构建构主义学者发现，当国际机制与国家身份的吻合度与有效支持度较低时，国家机制将会退化，国家间关系也将退化。新自由制度主义的理论旨趣是促进国家间的合作，就关系变化而言，它只关注国家之间如何克服猜疑和敌对走向信任和合作。一体化理论本质上也是一种合作理论，旨在通过发现某一领域或某个地区内的合作条件以促进一体化的实现。结构现实主义认为，国家之间的关系是变动不居的，并且可能是跳跃性的，但在这种跳跃性的变化过程中，它更偏向于从好向坏的变化。国家间关系既会渐进式友好，也会渐进式恶化，还会出现剧变。上述理论除结构现实主义理论外，其他理论均较少关注双边关系的剧变。

第三，在双边关系变化的原因方面，不同学者的认识差异较大。结构建构主义认为，互动的过程是两国从敌人关系变成对手关系或从对手关系变成盟友关系的主要原因，新自由制度主义则认为，成本是国家从冲突走向合作的原因，结构现实主义则坚持是国家利益决定双边关系的变化，知觉说把错误知觉作为认识双边关系从合作走向冲突甚至走向战争的主要变量。

总之，虽然国际关系理论相对忽视双边关系，对双边关系变化的关注点也有所不同，但对变化原因的分析对本书拟建立的双边关系剧变分析框架极为重要。

三、研究目标、方法、创新及不足

（一）研究目标

本书主要有两个研究目标：一是挖掘和梳理诱发双边关系剧变的因素。诱发双边关系剧变的原因不止一个，既有主要原因，也有次要原因。

二是尝试分析这些不同因素是如何作用于双边关系剧变的，即这些因素对双边关系的作用机制是什么，旨在建立一个或几个预测双边关系剧变的模式，在理论上丰富对双边关系变化趋势的认识。

（二）研究方法

本书的逻辑结构是在界定双边关系剧变这一概念的基础上，梳理近代以来国际社会中出现的、有代表性的双边关系剧变案例，并在此基础上归纳诱发双边关系剧变的因素、双边关系剧变主要发生的国家以及双边关系剧变发生的时间点，并根据归结的内容得出若干初步结论，最后以归纳和总结的内容为基础，演绎和建构双边关系剧变的分析框架。因此，本书所采用的研究方法主要有两种：归纳法和演绎法。

归纳法是指根据对个别事物和现实的分析推理得出该类事物和现象的普遍性规律。归纳的方法不止一种，主要包括完全归纳法、简单枚举法和科学归纳法。完全归纳法是指对特定时期内所有同类事物或现象进行观察和研究，并总结出该类事物或现象的共同特征。简单枚举法，是指在考察某类事物或现象的过程中，在没有发现反例的情况下，对该类现象都具有的某一属性得出结论。科学归纳法，是指在考察某类事物或现象的部分案例后，找出其中因果关系，并得出该类事物或现象都具有某一属性或特征的结论。[①] 本书采纳了上述三种归纳法中的所有方法。

演绎法是前提与结论之间具有充分必要条件或充分条件的必然性推理，主要是指从一般性前提出发，通过演绎最终得出一个具体陈述或个别结论的过程。正确的演绎推理要满足两个

[①] 阎学通、孙学峰：《国际关系研究实用方法》，人民出版社2001年版，第111—113页。

基本条件，即前提的真实性和论证的正当性。① 演绎推理主要通过形式而非内容来保证推理的有效性，它能有效校正思维的严密性和一贯性。

归纳法与演绎法并不是相互对立的关系，而是相互补充的，如果没有归纳法得出的一些结论，演绎法将失去很多进行逻辑推理的基础。如果不通过演绎推理的检验，归纳法得出结论的科学性和有效性将被质疑。在理论上，归纳法与演绎法泾渭分明，但在现实运用中，两者通常相互融合，很难彻底切割与划分。本书将同时采用归纳法和演绎法。

（三）研究创新

一言以蔽之，本书最大的创新之处在于，研究了一种虽然被学者注意到但却缺少系统和深入研究的国际关系现象——双边关系剧变。具体而言，本书的主要创新体现在以下五个方面：

第一，本书对双边关系剧变进行了定义，建立了判定双边关系剧变的两个主要依据——事件依据和时间依据。

第二，本书系统梳理了1648年以来国际关系史上关于双边关系剧变的主要案例。现有关于双边关系剧变的研究，只是以具体的双边关系剧变为研究对象，本书系统梳理了近代以来的主要案例，并把它上升为一种普遍现象。

第三，归纳和分析了诱发国家双边关系剧变的因素，以这些诱发因素为基础，借用阎学通创建的国家利益效用概念框架，提出了四个归纳色彩较浓的理论假设。这四个关于国家双

---

① 阎学通、孙学峰：《国际关系研究实用方法》，人民出版社2001年版，第107页。

边关系剧变的理论假设，同样具有一定的普遍性。

第四，参照物理学中的电路图，依据不同诱发因素在双边关系剧变中的作用，笔者建立了国家双边关系剧变的发生机制。基于双边关系迅速改善机制与急剧恶化机制的不同特点，本书以串联电路图来表示双边关系迅速改善机制，以并联电路图来表示双边关系急剧恶化机制。

第五，在对比双边关系迅速改善与急剧恶化机制异同的基础上，笔者提出了防范和应对双边关系剧变的机制。

（四）研究不足

由于笔者能力有限、视野不够开阔、掌握资料不够全面，本书不可避免存在诸多不足与缺陷。

第一，在案例选取方面，本书存在两个主要问题：

一是大部分案例与大国相关，与大国无关的双边关系剧变的案例不多。本书的核心任务是探析双边关系剧变，时间起点是 1648 年。近代以来国际社会中的双边关系剧变，不论是大国之间、大国与其他国家之间，还是中等强国之间或小国之间，都在研究范围内。但由于目前大部分国际关系史教材的重点是研究大国关系，小国关系通常只有成为热点问题或者与大国相关联后，才会进入教材编撰者的视野。书中反复提到，国家实力是界定国家利益的重要依据，不同实力的国家有不同的利益格局，适用于大国之间以及大国和小国之间双边关系的理论，在中小国之间未必适用。对于这些问题，笔者并未作深入分析，无疑是本书的不足。

二是大部分所选案例是跨越型剧变，逐级型剧变案例较少。

导致选取逐级型案例较少的原因是双边关系的逐级型剧变极难观察，尤其是从敌人改善为对手、从伙伴改善为盟友、从对手恶化为敌人、从盟友恶化为伙伴这四类逐级型剧变案例不易被观察。案例发生的时间越早、距离本书写作的时间越远，逐级型剧变就越难被观察。逐级型剧变一般要近距离观察才能直观、明显地感受到其剧变程度，因此，本书所选取的逐级型剧变案例，基本发生在2015年之后，距离笔者撰写本书时间较近。

第二，本书对诱发因素的归纳可能存在疏漏。导致两国关系迅速改善或急剧恶化的原因繁多且复杂。分析双边关系剧变的原因极富挑战性。例如，冷战的起源一直是学术界研究的重要问题之一，哪些原因导致冷战？这些原因或因素起到什么作用？在这些问题上，学术界一直没有形成完全共识。本书在梳理相关案例时，只简单提及诱发双边关系剧变的主要因素，基本没有提及相对次要的、间接的因素，那些被本书遗漏的、未提及的因素也会对双边关系剧变产生一定作用。

在双边关系剧变诱发因素的分析上，有的案例把第三国因素纳入其中，有的案例则只考虑两国之间的因素。是否纳入第三国为诱发因素的主要依据是第三国在诱发双边关系剧变中的作用，如果第三国在双边关系剧变中的作用大到无法忽视，我们就会把它纳入其中。如，第四次中东战争后埃以关系的迅速改善，其中美国对以色列的施压不容忽视。

本书在列举诱发双边关系剧变的因素时，并没有从内容上或逻辑上进行适当分类，只是简单列举。其结果是，有些因素较为具体，如领土、贸易竞争、国家声誉，有些则比较抽象，如他国施压、利益诱饵、他国失信等。其结果之一是，在分类上很难确定利益诱饵、他国施压这些诱发因素的国家利益的属性。

第三，本书中有些案例是否属于双边关系剧变，有待商榷，如二战期间美国与苏联的关系。或许从逻辑推演上，这些双边关系的改善是必然的，但笔者在梳理这些案例时，发现这些案例不论是在双边关系变化速度上，还是在双边关系变化程度上，均符合本书界定的双边关系剧变范畴。

第四，同一现象在不同国际环境下的意义相同吗？国际环境是影响国家利益的重要因素之一。冷战时期，在美苏对抗的背景下，不论是在国际社会中还是在国家内部，两种意识形态的对立和安全上的对抗都导致国家安全成为当时一些国家的重大利益，经济发展的紧迫性相对变为其次。冷战结束后，世界各国在经济和生态等领域的相互依赖程度日益加深，和平与发展成为绝大多数国家当时的重大利益，安全利益的紧迫性明显下降。从1648年到第二次世界大战结束，准确地说是到1950年，美国和苏联两个超级大国同时拥有核武器，致使战争在大国间，尤其是在核大国间爆发的可能性日益降低。战争是政治的集中体现，一度是国家维护国家利益、开拓海外市场的重要手段。然而，随着热兵器时代的结束和核武器时代的开始，战争的作用和性质开始有所变化，在拥核国家之间尤其如此。战争和军事冲突是判断两国关系敌对化最明显的标志，随着拥核国家之间战争可能性的降低，在难以找到新的判断双边关系敌对化的标志性事件之前，拥核国家之间似乎不可能成为敌人。对于这个新现象，本书在正文中未进行任何讨论，不失为本书的缺憾。

此外，本书在研究方法上比较单一陈旧，主要依靠归纳法、演绎法等传统方法，几乎没有使用统计分析、量化分析、建模分析等新方法。

四、主要结论与本书结构

（一）主要结论

双边关系剧变是国际社会中的一种现象。在界定剧变这个核心概念的基础上，本书梳理了自威斯特伐利亚体系以来双边关系剧变的若干案例，通过对这些案例的诱发因素、国家间关系、剧变时间节点以及发生机制的归纳、总结和分析，我们得出以下几个具有一定理论价值和现实意义的结论：

第一，诱发双边关系剧变的因素是多种多样的，它们发挥着不同作用。其中，安全威胁、主权、领土和霸权是主要原因；利益诱饵、他国施压等因素则是次要原因；而意识形态、国家领导人认知等因素的作用则要视情形而定，在一些案例中是主要原因，在另一些案例中则是次要原因。

第二，重大利益是诱发国家双边关系剧变的基本条件。争夺霸权、安全威胁和维护国家主权等诱发双边关系剧变的因素都是相关国家的重大利益。其中，争夺霸权、安全威胁和维护国家主权在这些案例中出现的频率最高。有些双边关系剧变是由多个主要原因引发的。

第三，意识形态、国家领导人认知在提升国家重大利益的紧迫性后，极有可能引发双边关系剧变。

第四，双边关系剧变主要发生在以下五类国家之间：邻国、霸权争夺国、面临共同威胁国、领土争端国、控制与被控制国。在这五类国家中，邻国、霸权争夺国之间发生双边关系剧变的可能性最大。在这些案例中，大部分发生在邻国之间，还有一部分发生在霸权争夺国之间。有些双边关系中的国家同时具备多种身份。

第五，双边关系剧变主要发生在以下四个节点：国家崛起、政府换届、突发事件、战争开始或结束。有些双边关系剧变发生在多个时间节点的交叉点上。

第六，双边关系迅速改善与急剧恶化的发生机制既有共性也有差异。两者最核心和最直观的差异是：双边关系迅速改善要在两国取得共识后才会发生，而急剧恶化则只需要一国采取单边行动就会发生。

（二）本书结构

本书除绪论外，主要有四章。

第一章，界定核心概念，界定判断双边关系剧变的主要依据。本章中，我们界定了双边关系这个基础概念和剧变这个核心概念，并明确了判断双边关系剧变的时间标准和事件标准，通过这两个标准，我们可以判断双边关系是否发生剧变。

第二章，梳理相关案例。本章梳理了1648年以来国际社会中较有代表性的双边关系剧变案例，并依据双边关系变化方向的不同，把这些案例分成三大类：迅速改善型、急剧恶化型、反复无常型。

第三章，归纳诱发因素并分析双边关系剧变的原因。本章通过对案例的分析，归纳了13个诱发因素，并依据内容和作用对它们进行分类。在此基础上，通过借助阎学通的国家利益效用概念框架，提出了四个归纳色彩较浓的理论假设。

第四章，分析双边关系剧变的发生机制并提出防范和应对策略。本章第一部分主要分析了双边关系迅速改善和急剧恶化的发生机制。第二部分则分别从防范和应对两个环节提出促进双边关系迅速改善和防止双边关系急剧恶化的建议。

本书的主要结构及逻辑如图0－1：

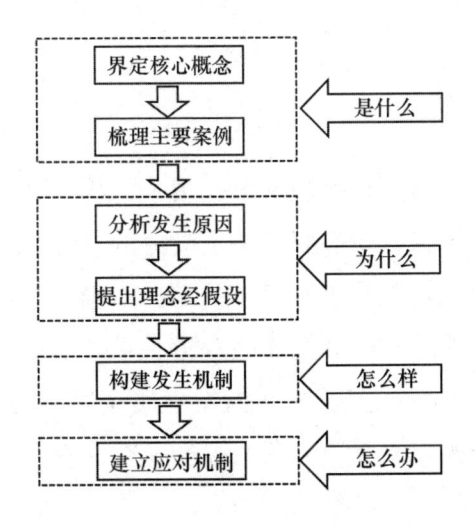

图0－1 本书结构及逻辑

第 一 章

国家双边关系剧变的概念及判定

本章的主要内容包括两部分：第一，界定两个概念：双边关系和剧变。第二，明确双边关系剧变的具体标准。要确定双边关系中的变化是否属于剧变，关键在于确定核心标准：一是在内容上，哪些外交事件能表明双边关系性质的变化？二是在时间上，双边关系在多长时间内发生质变才算是剧变？此外，本章还将分析和讨论双边关系的理论属性、变化方向等问题。

一、国家双边关系及理论属性

双边关系是国际社会中最基本、最重要的关系之一。本节将定义国家双边关系，以进一步明确国家双边关系的内涵和外延。由于国家双边关系的理论属性一定程度上会影响到后面章节中对国家双边关系剧变的分析，因此，本节将在定义国家双边关系的基础上讨论并界定其理论属性。

（一）国家双边关系及其特点

在国际政治中，单边、双边、多边是经常出现的名词，如单边主义、双边关系、多边关系。当这些名词与关系相联时，我们几乎看不到单边关系这个概念，因为，关系存在于两个及以上的国家之间，单个国家如果不与其他国家互动就不可能产生国家间关系。

1. 国家双边关系与国家多边关系

和国际关系中的诸多概念一样，双边关系也是一个舶来品，由 bilateral relations（双边关系）翻译而来，字面意思是双边关系或两边关系。双边关系的主体是谁，即双边关系是指谁与谁之间的关系？在国际关系学界看来，答案不言自明，但如果跳出国际关系来看，答案则相对复杂。在英语中，双边关系可指任何两种物体之间的关系。换言之，它可能指人与人之间的关系，也可能指群体与群体之间的关系（国家是特殊的群体），还可能指人以外的其他同类物体之间的关系，例如，两种肌肉之间的关系亦可称为双边关系。[①] 笔者在 EBSCO 数据库中的学术参考类全文数据库（Academic Search Premier，简称 ASP）中以 bilateral relations 为标题进行检索，虽然也找到自然科学、社会学等不同学科的文章，但绝大多数是国际关系方面的文章，可见，在英语中，双边关系主要是指两国关系。

在中国，情形大体相同。笔者在中国知网以双边关系为主

[①] Nikolina Gerdijan Marko Zeljkovic Adriana Lukic and Zeljko Vukic, "Unilateral and Bilateral Relation Between the Femoral Muscles of Tennis Players," 2010, https：//scholar.google.com/citations？view_op = view_citation&hl = en&user = QvwbFY4AAAAJ&citation_for_view = QvwbFY4AAAAJ：IjCSPb-OGe4C.

题和篇名分别检索，找到的大部分文章都是关于两国关系。在非国际关系（包括国际政治和外交学）类的学术论文中，双边关系的研究对象主要包括以下几类：师生关系或教学关系[①]、两个人或两个群体之间的关系[②]、市场经济中买卖双方关系[③]、企业间关系[④]、物品与人的关系[⑤]，经济学中的双边匹配问题[⑥]。可见，在汉语中，双边关系虽然指涉对象较广，但主要是指国家双边关系。在英语中，双边关系除了指两个国家之间的关系外，还可以指其他任何两个政治实体之间的关系，而 national bilateral relations 才是指国家双边关系。但由于国家仍然是国际政治中最重要的政治实体，国家之间的关系仍然是国际社会中最重要的关系，因此，双边关系几乎成了国家双边关系的代名词。

在明确了双边关系的指涉对象和范围后，定义双边关系就相对容易了。所谓双边关系，是指两个实体之间一对一的关系；而国家双边关系主要是指两个国家之间一对一的关系。由于在国际政治中，双边关系主要是指国家双边关系，因此，在非规范语境下，通常使用双边关系指代国家双边关系。

[①] 可参阅林洋、王晓欧：《关于声乐教学的双边关系》，《科技信息》2007 年第 22 期；吕云峰：《军校教与学双边关系解析》，《高等教育研究学报》2016 年第 2 期；王伟：《高中英语教学中的五对双边关系》，《山东外语教学》2001 年第 4 期。

[②] 嵇万青：《〈让子弹飞〉葛优变成了双边关系的调解员》，《广告人》2011 年第 1 期。

[③] 时云辉：《基于双边关系的核心企业网络演化研究——以宇通客车企业网络为例》，《经济经纬》2009 年第 3 期；张森林等：《南方电力市场西电东送双边交易模式及电价形成机制研究》，《电网技术》2010 年第 5 期。

[④] 李丹、杨建君：《双边关系质量与合作治理模式：整合分布式创新核心机制的概念模型》，《科技进步与对策》2016 年第 23 期。

[⑤] 铃木莊一、肖文：《半定做集成电路的设计基准及用户的双边关系》，《微电子学》1983 年第 4 期。

[⑥] 乐琦：《不确定心理行为下的双边匹配》，《系统工程》2016 年第 5 期。

双边关系主要与多边关系相对。多边外交自古就有，东周列国订立盟约的诸侯会盟就是多边外交的形式之一。① 二战后，多边主义、多边外交、多边关系越来越受到各国的关注和重视。约翰·鲁杰认为，多边主义的核心是指按照某种原则来协调三个或者更多国家之间的关系。② 李宝俊认为，多边外交是指数个（三个及以上）行为主体（主要是指国家以及一些一体化程度较高的国际组织）通过建立国际组织、缔结国际条约、举行国际会议等形式在各个领域进行的国际合作。③ 有学者严格区分了多边主义和多边外交，认为前者属于国际政治范畴，而后者更多属于外交政策范畴。④ 可见，在国际政治中，多边关系是指多个政治实体之间依据一定的国际制制度发生的关系。由于国家是国际社会中最主要的行为体，在多边关系中扮演最重要的角色，因此，多边关系主要是指三个及以上的国家之间在某一原则（即国际制度）下的关系，其实质是国家多边关系。

2. 国家双边关系的特点

所有特征或特点都是相比较的结果，没有参照物，没有差异，就无特征或特点可言。双边关系的特点主要是与多边关系相比较的结果。国家双边关系只由两个国家构成，构成关系相对简单，而国家多边关系至少由三个国家构成，国家间关系的复杂性成几何倍数增长。国家双边关系主要建立在国家利益之

---

① 黄金祺：《外交外事知识和技能：涉外人员素质修养》，世界知识出版社1999年版，第34页。
② ［美］约翰·鲁杰主编，苏长和等译：《多边主义》，浙江人民出版社2003年版，第9页。
③ 李宝俊：《当代中国外交概论》，中国人民大学出版社1999年版，第232页。
④ 郑启荣、牛仲君主编：《中国多边外交》，世界知识出版社2012年版，第6页。

上，而多边关系虽然根本上也建立在国家利益之上，但是通常直接建立在国际组织、国际会议和国际制度之上。两者之间的这两个根本区别决定了国家双边关系的以下特点：

第一，沟通比较高效。多边外交的多边性、相对平等性、公开性和透明性等特点决定了多边关系的低效率特征。[①] 相比之下，双边关系只有两个国家构成，虽然在处理双边关系时也需要顾及相关国家的利益，但由于利益关系相对简单明了，必要时可以秘密进行，因此有效减少了外部干扰，更加高效。相比之下，多边关系由于构成成员较多，不具备此方面优势。

第二，变化比较敏感。在双边关系中，一国针对他国所释放的直接或间接信号，他国通常能观察到并会作出针对性回应，在外交制度日益健全的信息化时代尤其如此。菲律宾前总统杜特尔特、韩国前总统文在寅在竞选期间和就任初期对中国释放的直接和间接信号，中国都及时回应，并在短期内实现了双边关系的改善。多边关系之间也有一些双向互动，但它是一种整体性互动，信息有效传导到所有成员国需要相对较长的时间，互动有一定滞后性。此外，由于每个成员国在同一问题上的利益敏感性和脆弱性不同，作出反应的速度和力度均有所差异。美国前总统特朗普上任后不久便宣布退出《巴黎协定》，只有少数几个在此问题上有重大利益的国家及时作出了回应，大部分国家反应相对迟钝，部分国家甚至没有作出回应。

第三，受国家领导人的影响较大。不论是外交决策理论和领导科学理论，还是华尔兹的层次分析理论、摩根索的古典现

[①] 郑启荣、牛仲君主编：《中国多边外交》，世界知识出版社2012年版，第10页。

实主义理论，都充分肯定了国家领导人对外交政策的影响（包括对双边关系的影响）。国家领导人在制定外交政策中扮演着极其重要的角色。尼克松担任美国副总统期间，先后访问了55个国家，积累了丰富的外交工作经验，非常善于处理国际问题，而且对外交事务怀有极大兴趣。他就任总统后，优先考虑外交事务，始终牢牢掌握着外交政策的制定权。[①]

（二）国家双边关系的理论属性

华尔兹在《国际政治理论》一书中，对国际政治理论与外交政策理论进行了严格区分。此后，学者开始认真思考某一理论在性质上属于国际政治理论还是外交政策理论。就其理论属性而言，双边关系属于国际政治理论范畴还是外交政策理论范畴？这是本部分将要回答的问题。

华尔兹指出，国际政治理论是一种体系理论，它强调国际结构（主要指国际格局，即主要大国之间的力量对比）对国家行为的影响，旨在解释为什么不同国家在相同国际结构的作用下会有基本相同的行为。均势是国际政治最显著的特征，华尔兹主要分析了均势对国家行为的影响。外交政策理论则是一种国家层次上的单元理论，主要解释为什么在相同的国际环境中不同国家的行为经常大相径庭。[②] 华尔兹指出，国际结构由国际社会中的主要大国构成，因此，国际政治理论主要是观察大国数量对国际政治的影响。外交政策理论则要充分考察国家历

[①] 资中筠主编：《战后美国外交史——从杜鲁门到里根》，世界知识出版社版1994年版，第593—594页。

[②] ［美］肯尼思·华尔兹著，信强译：《国际政治理论》，上海人民出版社2003年版。

史、国家文化、国家领导人等不同国内因素对外交行为的影响。① 就其解释力而言，两者各有所长，但国际政治理论更加简洁。由于简洁性是理论追求的方向之一，较之于外交政策理论，国际政治理论由于其高度简洁而备受学者追捧。不少学者努力构建与国际政治理论一样简洁的外交政策理论。②

任何一对双边关系的好坏，都是各国根据国内外形势追求国家利益的结果。发展双边关系是国家外交战略的组成部分，重要双边关系尤其如此。中美关系、中俄关系等重要双边关系是中国外交战略的重要组成部分。毋庸置疑，国际格局是影响双边关系的重要因素，但国内形势、国家的历史文化和国家领导人对一国外交战略的制定、外交政策的实施等均具有重要影响，外交战略的调整和外交政策的执行都直接影响了双边关系。可见，国家双边关系属于外交政策理论范畴。

根据实力强弱，可以把国家划分成超级大国、大国、中等强国和小国。超级大国之间、超级大国与大国之间以及大国之间的双边关系，通常对国际格局，即国际结构产生直接而重大的影响，因此，在某种意义上说，这些国家之间的双边关系，可以划归为国际政治理论范畴。即便如此，我们不能否认，这些国家之间的双边关系，主要服务于本国的外交战略，是从内政出发的产物。一言以蔽之，它们仍然属于外交政策理论范畴。其他国家之间的双边关系，对国际结构的影响较小，不属于国际政治理论范畴。

---

① Kenneth N. Waltz, "Theory of International Politics," Longman Higher Education, pp. 71–73.
② 陈小鼎、刘丰：《结构现实主义外交政策理论的构建与拓展——兼论对理解中国外交政策的启示》，《当代亚太》2012 年第 5 期。

温特强调，国际政治的社会理论既属于国际政治理论也属于外交政策理论，并指出，大部分国际关系理论同样如此。①华尔兹创建的结构现实主义理论问世至今，由于其高度简洁性以及较强的解释力而产生巨大影响，理论的简洁性从此成为众多国际关系学者的追求目标。外交政策理论强调相对较多的影响因素，难以建构高度简洁的理论，因此，部分学者并不承认自己的理论是外交政策理论。本书并无意追求建构一个高度简洁的理论，而是试图解释双边关系剧变这一国际现象。

二、国家双边关系性质的判定

马克思曾指出：在其现实性上，人是社会关系的总和。②这个论断同样适用于国家。在国际关系的实现性上，主要包括多边关系、双边关系以及其他关系的总和。双边关系是国家关系总和中的重要组成部分。不论是两人之间的关系，还是两国之间的关系，即国家双边关系，都有必要对其进行定位。毛泽东明确指出定位两国关系性质的重要性："谁是我们的敌人？谁是我们的朋友？这个问题是革命的首要问题。"③冷战结束后，和平、发展、合作成为时代的主题与潮流，经济建设是很多国家的中心工作，但准确定位与不同国家之间的关系同

---

① ［美］亚历山大·温特，秦亚青译：《国际政治的社会理论》，上海人民出版社2000年版，第123页。
② 《马克思恩格斯选集（第一卷）》，人民出版社1972年版，第18页。
③ 《毛泽东选集（第一卷）》，人民出版社1991年版，第3—11页。

样十分重要。因此，各国以本国国家利益为基础制定本国的外交战略，据此发展与不同国家的关系。中国与100多个国家建立了形式各异、性质不同、内容丰富的伙伴关系，同时又提出与美国等大国要建立新型大国关系。如何判断两国关系的性质，即两国关系的好坏程度呢？这是本部分要回答的核心问题。

（一）国家双边关系的性质

国家是行为体，是真实的团体生物，可以把诸如身份、利益、意图等人的特征合适地加在国家身上。[1]

在国际关系中，常将两国关系拟人化。中国的外交话语总共出现过好兄弟、好亲戚、好朋友、好伙伴、好邻居、好同志和好战友七类不同的友好关系用语。[2] 除了中国常用的这些人伦色彩较浓的概念外，还有盟友、朋友、伙伴、对手、敌人等概念。就其性质而言，不同国家之间的关系可以划分为几种类型呢？

非黑即白、非敌即友的二分法具有一定的代表性。冷战时期，美国和苏联在外交行动上把当时的国家划分成相互对立的两部分：支持本阵营的国家为朋友，反对另一阵营的国家亦为朋友或潜在的朋友，其他国家则是敌人或潜在敌人。受维持近50年冷战的影响，很多学者在定位双边关系时，通常将两国关系置于朋友、敌人这两个极端，其著作的标题更是冠上了朋友

---

[1] ［美］亚历山大·温特著，秦亚青译：《国际政治的社会理论》，上海人民出版社2000年版，第272页。

[2] 詹德斌：《试析中国对外关系的差序格局——基于中国"好关系"外交话语的分析》，《外交评论》2017年第2期。

与敌人或同盟与对抗这类颇吸引人注意的词语。① 大部分现实主义学者持这种观点。虽然有学者归纳出现实主义范式的核心内容：国际社会是无政府主义状态，国家是国际社会中最主要的行为体，国家追求权力或安全最大化，但核心观点一言以蔽之：没有永远的朋友也没有永远的敌人，只有永远的利益。其背后的实质逻辑是：国家在追求利益的过程中，他国与本国的关系不是敌人就是朋友，其他关系都是虚假关系。

从身份的视角定位两国关系性质，以三分法最为常见。在诸多三分法中，温特提出的敌人、对手和朋友观点具有较强的代表性。虽然在温特的理论体系中，敌人、对手和朋友的本质是三种文化结构，但由于它们可以建构相应的角色身份，因此，同样可以用来定位双边关系。温特所建立的结构建构主义已经成为国际关系学三大主流理论之一，其代表作《国际政治的社会理论》成为国际关系著作中引用率最高的三本著作之一，敌人、对手和朋友这种划分方法因而也产生了巨大影响。印度学者基尚·拉纳认为，两个国家之间由于在质量、广度和深度以及互利方面都随国家的不同而变动，据此，双边关系可以分成三大类——特殊关系、正常关系和边缘关系。特殊关系通常包括那些与其有紧密的政治、安全和经济联系的邻国；正常关系的一个共同特征是持续运用各种常规的外交手段来发展联系，几乎不需要借助特殊措施；边缘关系是就经济和其他方面交流的密度而言，两国的合作

---

① 李丹慧编：《北京与莫斯科：从联盟走向对抗》，广西师范大学出版社2002年版；弘文：《合作还是对抗：中美峰会解读》（上、中、下），金城出版社1998年版；[美]张少书（Gordon H. Chang）著，顾宁等译：《朋友还是敌人？：1948—1972年的美国、中国和苏联》，中央编译出版社2014年版。

潜力尚未开发，也许有待挖掘。这种情况下，关系建设的主要任务是保持"壶温"，一旦机会来临就展开友好交流。① 约瑟夫·奈从安全角度而非关系建设出发，将国家分为威胁本国生存的国家、威胁本国利益但不威胁本国生存的国家和影响本国利益但不构成威胁的国家。② 阎学通等根据关系性质，将双边关系划分为敌对、非敌非友和友善三类。③ 刘建飞则将两国关系划分为敌人、朋友和伙伴三种类别④，刘德喜所持观点与刘建飞相同⑤。

　　二分法和三分法都有其理论价值和现实意义，同时也不可避免地存在一定不足。二分法在理论上较为简洁。在现实中，对于革命时期或处于对抗环境中的国家或政党而言，通过二分法可以迅速而准确地区分敌友，从而早日实现革命胜利或在对抗中取得有利地位。不足是其过于简单的非黑即白思维容易导

---

　　① 特殊关系：美国是全球唯一超级大国，或许有些国家会将美国列入其特殊名单。典型的特殊关系通常是一种事实上的信赖情形，一个法语国家可能将法国列入其特殊伙伴名单。也许还有其他一些因素，可能产生亲近关系。在每一种情况中，处理双边关系的方式都是在别处无法复制的。通过利用可能涉及政府主要机构和非政府组织的特别机制，这些国家之间的关系建设显得十分集中。正常关系：通常这种关系中经济内容的分量很大，是一方考虑给予对方优先性时的决定因素。这种正常关系的一个前提是国家间相互给予外交承认，同时也相互承认对方政府。然后它们被称作"有外交关系"，即使它们没有交换常驻使团。边缘利益关系：这种关系建设可能发生在代表团访问该地区时，或者如果没有常驻外交代表时借助各自国家常驻联合国的代表团这个中介，或者通过在国际会议上的会晤。贸易和其他交流仍然受到鼓励，在一个动态的过程中，当条件许可时，这种关系可能会逐步上升到一个较高水平。参见：[印度]基尚·拉纳著，罗松涛、邱敬译：《双边外交》，北京大学出版社2005年版，第15—17页。

　　② Joseph S. Nye, "Redefining the National Interest," Foreign Affairs, Vol. 78, No. 4, 1999.

　　③ 阎学通等：《中外关系鉴览1950—2005：中国与大国关系定量衡量》，高等教育出版社2010年版，第14页。

　　④ 刘建飞：《敌人 朋友 还是伙伴——中美日战略关系演变（1899—1999）》，中央文献出版社2000年版。

　　⑤ 刘德喜：《从同盟到伙伴——中俄（苏）关系50年》，中共党史出版社2005年版。

致国家在和平年代和建设时期误判形势，陷入对抗与斗争的泥潭，错过发展机会。三分法同样有其合理性，在学术界得到较为广泛的运用，但常与现实情况不符。

鉴于此，本书把双边关系性质划分为四个不同等级盟友、伙伴、对手和敌人。对于同一个概念，不同学者或国家领导人在使用它时，内涵会有所差异。

盟友。盟友之间的关系既存在于个人之间也存在于组织之间。显然，国家之间的盟友关系是属于组织之间的关系。国家之间结成同盟的主要目的是防范和应对共同安全威胁。盟友关系的建立可以是正式的，即通过条约规定两国或多国之间的关系；也可以是两国通过口头承诺或战略默契而建立的准同盟关系。两国之间根据实际需要，可能会秘密结盟，也可能公开结盟。准盟友或实质盟友本质上也属于盟友关系。

伙伴。盟友关系是国际社会的常见现象，也是学术界的重点研究对象，伙伴关系在最近30年才成为一个热词。伙伴和伙伴关系在冷战结束后成为国际社会频繁使用的重要概念和各国学者的研究对象。根据中国学界的研究，伙伴一词源于古代兵制，本作"火伴"，意指"共一火炊煮"的人，后引申为同一军营的人，也指同伴，即拥有共同利益、采取共同行动、实现共同目标的人。在国际关系中，伙伴关系是一种互不以对方为敌，平等而相互尊重，互不干涉内政，相互寻求共同的政治经济利益，保持并推进双方关系发展的良好状态。[1] 其最大的特点是不针对第三国，不搞对抗，推动平等合作的正常国家关

---

[1] 门洪华、刘笑阳：《中国伙伴关系战略评估与展望》，《世界经济与政治》2015年第2期。

系，是对话关系。① 中外文化中，伙伴一词的意义相通。②

对手。对手有两层意思：一是指竞赛或斗争的对方；二是指劲敌，即本领、能力、水平不相上下的竞赛的对方。在国际关系中，当两国是对手关系时，并不是指两国之间没有合作，也不是指两国关系已经到了冲突的边缘，而是指两国之间的竞争性大于合作性。

敌人。敌人是指互相仇恨而敌对的人或敌对的一方或多方。在国际关系中，当两国互为敌人关系时，其中一国企图使其敌对国家受到损害。大多数情况下，互为敌人关系的两国是零和博弈，但这并不意味着两国或两个集团之间没有任何合作关系。如冷战时期，美苏之间在核不扩散等问题上仍然有一定合作。在国际社会中，不存在没有任何合作的，全部是冲突、对抗或战争的双边关系。

身份是利益的基础，只有先确定两国关系的身份，才能准确知道两国之间的利益。两国关系并不是静止不变的，国家之间处于持续的互动中，双边关系可能在互动中的某个时间达到临界点而发生质变，从一种身份变化为另一种身份。两国之间的身份都只是暂时或相对稳定的，即使在同一身份下，也有不同的变化态势。双边关系的性质即是两国之间的身份关系，如何判定两国不同性质的关系以及同一关系性质下的不同状态？这是下文要尝试解决和回答的问题。

---

① 伙伴关系虽然是在冷战后才出现的、区别于盟友关系的一种新现象，但两者之间并不是完全相互排斥的关系，它们有所差异，但也有一定的共同点。具体内容参见门洪华、刘笑阳：《中国伙伴关系战略评估与展望》，《世界经济与政治》2015年第2期。

② 苏浩：《中国外交的"伙伴关系"框架》，《世界知识》2000年第5期。

（二）外交事件与国家双边关系性质

双边关系根本上由两国间的外交事件表现出来。[①] 外交事件，即一国采取的外交行动。两国之间外交往来少、甚至几乎无外交活动，本质上也属于外交事件，是一种特殊的外交事件，同样能反映两国关系的性质。在全球化程度不断加深的信息化时代，国家之间的交往空前频繁，相互联系更加密切，国家之间无任何往来或任何外交的情况极少。并不是所有的外交行动或外交事件都是判断双边关系好坏的依据，但双边关系的好坏一定是通过具体的外交行动表现出来的。自 1648 年《威斯特伐利亚和约》签订以来，经过300 多年的发展，大部分外交事件所具有的国际意义已经成为国际社会中的广泛共识，如发表联合声明表明两国在某些问题上达成共识，战争表明两国关系敌对化，结盟表明两国成为盟友关系，召回外交大使一般表明两国断绝外交关系并成为对手。

两国关系的性质，其本质是一种角色身份。角色身份存在于与他人的关系中，要以符合不同角色身份的相应规范方式与具有反向身份的人互动。[②] 对于双边关系中的国家而言，外交事件同样要与角色身份一致。当两国关系间的外交事件符合相应的诸如敌人、对手、伙伴或盟友等角色身份时，他们的关系就维持在相应的性质内，当其中一国的外交行

[①] 阎学通、周方银：《国家双边关系的定量衡量》，《中国社会科学》2004 年第 6 期。

[②] ［美］亚历山大·温特著，秦亚青译：《国际政治的社会理论》，上海人民出版社 2000 年版，第 285 页。

动长期超出角色身份的规范时，两国关系名不副实。国家间的不同角色身份对国家的行为要求大体如下：

表1-1　外交事件相对应的角色身份

关系性质	外交事件
盟友	通过国际条约或口头协议、秘密条约结成军事同盟，分享重要军事情报（如战略情报）、向对方提供军事援助，举行针对第三方（共同敌人或共同威胁）的联合军演，联合作战以对付共同敌人或共同威胁，高级别的安全对话机制等
伙伴	发表联合声明或联合公告，至少存在正常的高层互访或会晤，维持正常外交关系，高层会晤频繁等
对手	偶尔存在军事对峙，存在一定的经济制裁，针对对方的某些外交抗议和谴责，高层会晤少（有时因"气氛"不好而取消某些重要会晤），断交或召回驻东道国大使，不支持对方的政治主张等
敌人	发生战争或军事冲突，长期敌对，对对方构成军事威胁，反对对方的政治主张或政治立场，支持反对对方的政治、军事行动或政治、军事力量等

（三）外交事件与国家双边关系状态

所谓关系状态，是指某段时期内双边关系的维持态势或发展水平。通常情况下，两国关系具有一定的稳定性，即两国关系的某一状态会持续一段时间。中国学者李少军把双边关系的状态分为冲突与合作两个极端。在这两个极端之间，双边关系有八种状态，属于冲突与合作状态的各有四种。其中战争、国际法意义上的报复行为、显示武力、暴力性（或强制性）报复四种状态属于冲突态势。合作同样也有四种态势，它们分别是无体制合作、默认体制合作、一纸空文体制合作和成熟体制合作。国家通过互动，在两个极端间的不同状态之间变化。① 阎学通把两国关系的性质划分为敌人、非敌非友和朋友三种性质，每种性质分别包括两种状态，对抗和紧张属于敌人关系，不和与普通状态属于非敌非友关系，而良好和友好则属于朋友关系。②

不论是李少军的八种状态说，还是阎学通的六种状态说，或者是关于双边关系状态的其他观点，都表明即使在同一关系性质内，两国关系也有不同的状态。

前文把双边关系分为四种性质（四种角色身份），分别是盟友、伙伴、对手和敌人。我们在这里把每种性质的关系分别分为好状态和坏状态两种，这样做有两个好处：第一，表明每一种性质的双边关系并不只有一种状态；第二，可以区别双边关系的质变和量变。双边关系不同性质内的关系状态如图1-1所示。

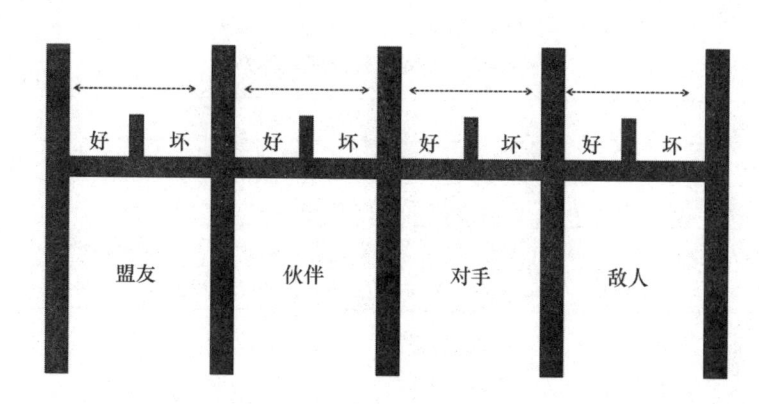

图1-1 双边关系与状态示意图

---

① 李少军：《"冲突—合作模型"与中美关系的量化分析》，《世界经济与政治》2002年第4期。

② 阎学通、周方银：《国家双边关系的定量衡量》，《中国社会科学》2004年第6期。

判断两国关系处于什么发展状态，同样要观察两国之间发生的外交事件。非常有必要指出的是，如果双边关系处于不同发展状态，同一事件对两国关系造成的影响会有较大差异。① 总体而言，通过外交事件观察两国关系发展状态，不能只观察一个事件，而是要观察一系列外交事件才能有效判断两国关系的状态。

随着国际关系学科的不断发展，有学者进一步细化衡量双边关系好坏和趋势的标准。李少军引进美国的事件数据分析法，把国际事件分成十四类，并对每一类事件赋值。他以中美关系为研究对象，以月为单位，计算中美双方各月数据的总和。通过观察这些数值判断中美关系的走势。② 阎学通等人进一步改善和推广了这种方法，不仅用于分析中美、中俄关系，还把它作为分析双边关系的一个基本模式，分别分析中美关系、中日关系、中俄（苏）关系、中英关系、中德关系、中法关系和中印关系。③

表1-2 冲突-合作评估体系

数值	内容
64	实现国家一体化
32	结成同盟
16	取得显著合作成果（签订协定、实现首脑会晤、采取共同行动等）
8	采取积极的国内行动（发布、通过积极的法案、法令、政府报告等）

---

① 阎学通、周方银：《国家双边关系的定量衡量》，《中国社会科学》2004年第6期。
② 李少军：《"冲突-合作模型"与中美关系的量化分析》，《世界经济与政治》2002年第4期。
③ 阎学通等：《中外关系鉴览1950—2005——中国与大国关系定量衡量》，高等教育出版社2010年版，第14页；阎学通、周方银：《国家双边关系的定量衡量》，《中国社会科学》2004年第6期。

续表

数值	内容
4	采取积极的外交行动（互访、会谈、致信、通电话等）
2	发表积极言论（表示赞赏或道歉、希望推动接触、消除误会等）
1	表示关注（积极意义上，一般评论，带有赞许）
−1	表示关注（消极意义上，一般批评，带有警惕）
−2	发表消极言论（辩解、表示不满或不信任、一般指责）
−4	强烈抗议、坚决反对、严正交涉、严厉驳斥
−8	采取消极行动（通过政府报告或议案、中止交往、实施制裁、显示武力等）
−16	采取极端外交行动（召回大使、断交等）
−32	采取军事打击行动
−64	发生全面战争

资料来源：李少军：《"冲突－合作模型"与中美关系的量化分析》，《世界经济与政治》2002年第4期。

通过观察双边关系数值，我们可以清晰地知道两国关系的走势，但问题在于，分值走势并不能明确告诉我们双边关系的性质。即使两国之间是盟友关系，某段时期内分值也可能偏低甚至是负数；即使两国之间是敌人关系，某段时期内分值也可能偏高甚至是正数。不明确两国关系的性质，就难以确定本国要采取的具体外交行动。

在此，有必要对双边关系性质的界定进行三点补充。

第一，四种身份并没有涵盖所有双边关系性质。身份和状态是界定两国关系性质的常用方法。状态是一个内涵丰富、用法灵活的概念。前文已经提及，李少军把双边关系分为八种状态：战争、国际法意义上的报复行为、显示武力、暴力性（或强制性）报复、无体制合作、默认体制合作、一纸空文体制合作和成熟体制合作。① 李少军提出的这八种状态，并不是每一种状态都有相应的身份相对应，这说明，用身份来界定关系性质有时候确实存在理论上的盲区。

但状态说与身份说并不是相互对立、相互冲突的。总体而言，身份说与状态说是一致的。阎学通把双边关系划分为六种状态：对抗、紧张、不和、普通、良好和友好，② 这六种状态分别归属于三种不同身份：对抗和紧张属于敌人身份的不同状态，不和、普通属于非敌非友身份的不同状态，良好和友好则属于朋友身份的不同状态。

本书提出的界定双边关系性质的四种身份，虽然不能涵盖所有双边关系的性质，但基本上涵盖了国际社会中大部分双边关系的性质。

第二，有些关系性质（身份）只涵盖了两国在某些特殊领域的关系。两国虽然在不同领域有不同性质的关系，但它们之间并不是相互孤立或完全对立、冲突的，有时它们之间也相互制约、相互促进。两国关系的总体性质通常会以身份的形式出现。

第三，性质判断不等于身份定位。双边关系的性质虽然可以通过身份来定位，但两者之间并不完全等同。国家之间的关系是变化无常的，但国家之间有些身份却是固定不变的，如邻国。但总体而言，两者之间基本是一致的。

---

① 李少军：《"冲突－合作模型"与中美关系的量化分析》，《世界经济与政治》2002 年第 4 期。
② 阎学通、周方银：《国家双边关系的定量衡量》，《中国社会科学》2004 年第 6 期。

三、国家双边关系变化

总体而言，国家双边关系有两种态势：一种是变化态势，另一种是静止态势。根据唯物辩证法，万事万物都是变化发展的，没有绝对静止的事物。国家双边关系同样如此。观察双边关系变化的视角极多，本书将主要从性质、速度和方向三个方面分析双边关系的变化。

（一）国家双边关系性质的变化：质变与量变

质变与量变是哲学中的一对重要概念。质变是事物运动的基本状态之一，主要指事物从一种质态向另一种质态的转变。质变是旧的结束和新的开始的标志，意味着渐进过程的中断，因此又称突变。量变指事物在数量上的增加或减少，以及场所的变更，是一种连续的、逐渐的、不显著的变化，又称渐变。

双边关系的变化同样有量变与质变的区别。双边关系的量变是指两国关系在某一性质内的波动与起伏。虽然有时候起伏较大，但两国关系的性质并没有发生变化。双边关系质变是指两国关系从一种角色身份或关系性质变化为另一种角色身份或关系性质。当双边关系中至少一国采取一系列超出两国当前关系性质的外交行动，或其中一国采取某一重大行动后，两国此后所采取的外交行动均超出原来双边关系的性质时，我们则可以断定两国关系发生了质变。1995年，越南与美国建交，此后，两国高层访问不断，美国两任国务卿及财政部部长等高级官员访问越南；而越南农业部部长、财政部部长等高官也纷纷访问美国。这标志着越南与美国结束了冷战时期的敌对关系，两国关系从此进入了新阶段。①

　　如果两国关系的变化是在同一性质范围内的变化，则是量变，只是表明两国关系状态有所变化。但如果两国关系的性质发生了变化，不论是上升还是下降，均可界定为两国关系发生了质变。双边关系量变与质变的关系情况如图1-2。图表明，双边关系量变只有四种情形，即在盟友、伙伴、对手和敌人四种关系内的量变，但质变情形相对复杂，它一共有六组十二种形态，分别是从盟友变为伙伴或从伙伴变为盟友，从伙伴变为对手或从对手变为伙伴，从对手变为敌人或从敌人变为对手，从盟友变为对手或从对手变为盟友，从伙伴变为敌人或从敌人变为伙伴，从盟友变为敌人或从敌人变为盟友。

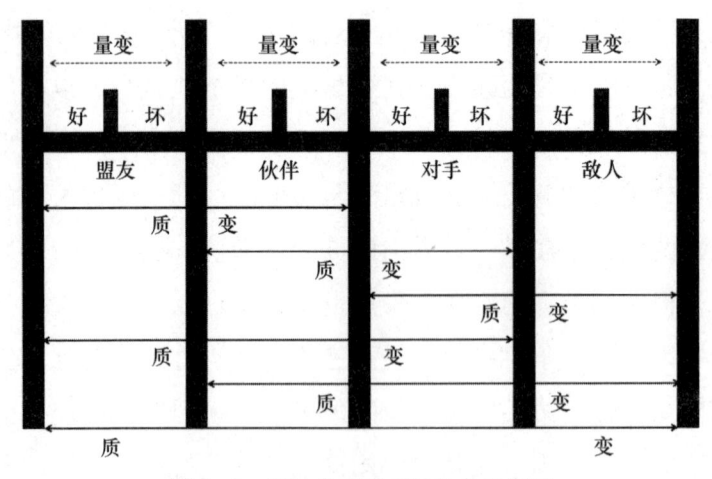

图1-2　双边关系质变与量变示意图

---

① 蒋玉山：《博弈与互动：后冷战时期中、美、越三边关系研究》，暨南大学2012年博士学位论文。

（二）国家双边关系方向的变化：上升与下降

在国际关系中，通常把两国关系从坏到好称为改善，在方向上视为上升，把两国关系从好到坏称为恶化，在方向上视为下降。双边关系的变化有量变和质变两种。在四种不同性质的双边关系内，每种都包括好的状态与坏的状态，在同一关系性质内，将两国关系从坏到好称为改善，在方向上是上升；将两国关系从好到坏称为恶化，在方向上为下降。当双边关系发生质变时，就其变化方向而言，有上升与下降两种可能。前文把双边关系划分为四类，我们把双边关系从盟友向敌人方向的变化称为下降或恶化，反之，把双边关系从敌人向盟友方向，或从敌对状态向友好状态方向变化称为上升或改善。

根据我们对双边关系好坏程度等级的划分，两国关系的上升有两种可能：一是逐级改善，即从关系较差的等级逐级改善。如从敌人关系改善为对手关系，再从对手关系改善为伙伴关系。二是跨越型或跳跃型改善，即双边关系性质的上升至少跳过一个等级。双边关系的下降或恶化同样分为逐级型恶化与跨越型恶化。不论是逐级型恶化还是跨越型恶化，均是国际关系中的常见现象。

在国际社会中，有些双边关系的变化反复无常，即在短期内至少经历了一次关系性质在不同方向上的变化，本书称这种变化为反复无常型。其中最有代表性的双边关系是俄乌关系，苏联解体后两国关系在乌克兰政府多次换届之际发生过多次性质上的变化。

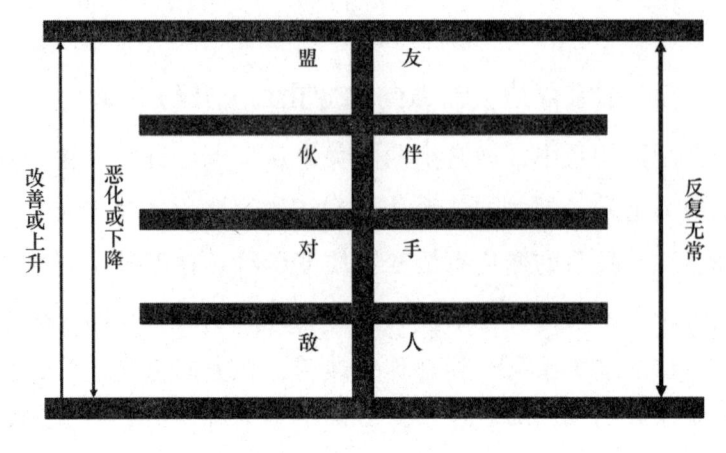

```
|  改善或上升  |  恶化或下降  |  盟  友  |
                            |  伙  伴  |  反复无常  |
                            |  对  手  |
                            |  敌  人  |
```

图 1-3 双边关系变化方向示意图

（三）国家双边关系速度的变化：缓慢与迅速

一切事物都是作为过程而存在，不同性质的双边关系同样也是一个过程。两国关系从一种性质变为另一种性质或从一种状态变为另一种状态，其本质都是过程。既然是过程，就肯定存在速度问题，即这个过程是快还是慢、是长还是短。依据双边关系变化的速度，我们把它分成缓慢变化与迅速变化。

缓慢与迅速是形容两国关系变化速度最常用的一对概念。多长时间可被界定为缓慢或迅速？换言之，能不能以具体的时间量化这对概念？从这两个词语的词义本身来看，很难找到答案。《现代汉语词典》对缓慢的解释是：不迅速，慢。对迅速的解释是：速度高，非常快。尽管如此，对于两国关系的变化，一般情况下无需根据专业知识和精确计算，仅仅依靠常识，我们就能区别其速度是迅速的还是缓慢的。

在国际关系学科中，不乏难以量化的概念，例如超级大国、大国、中等强国、小国、弱国等核心概念。一方面，国家实力的测量是极其困难和复杂的,另一方面,实力是个相对概念。因此,要通过一系列具体指标来量化具有普遍意义的超级大国、大国极其困难。我们将在借鉴已有学者界定超级大国或大国经验的基础上,界定缓慢和迅速,尤其是迅速这个对于本书具有关键意义的概念。

对于国家实力以及国家实力各构成要素之间的关系,不同学者认知不同。艾尔弗雷德·塞耶·马汉在《海权对历史的影响(1660—1783年)》一书中提出影响国家海权的六个因素;[①]摩根索在《国家间政治:权力斗争与和平》一书中提出了领土、人口等九个要素;[②] 约翰·米尔斯海默提出了潜在权力和军事权力,其中人口和财富是潜在权力的核心标准,军事权力由地面力量、海上力量和战略空中力量三大部分组成。[③] 关于各实力要素之间的关系,有的是简单相加,有的则是通过比较复杂的公式计算后得出一个结果。然而,在华尔兹看来,这些实力构成要素令人感到"迷惑",而衡量国家实力所采取的计算公式则很"奇怪",[④] 因为,确定大国地位只需要根据它们的能力就能轻易判定,这只是一个经验问题,依靠常识便能得出答案。[⑤] 阎学通持相同观点,即判定大国是一个经验问题和

---

① [美]艾尔弗雷德·塞耶·马汉著,李少彦等译:《海权对历史的影响(1660—1783年)》,海洋出版社2013年版,第21页。
② [美]汉斯·摩根索著,徐昕等译:《国家间政治:权力斗争与和平》,北京大学出版社2006年版,第151—204页。
③ [美]约翰·米尔斯海默著,王义桅、唐小松译:《大国政治的悲剧》,上海人民出版社2003年版,第79—202页。
④ [美]肯尼思·华尔兹著,信强译:《国际政治理论》,上海人民出版社2003年版,第173页。
⑤ [美]肯尼思·华尔兹著,信强译:《国际政治理论》,上海人民出版社2003年版,第175页。

常识问题，要认识中国实力地位，无需精确衡量中国与世界所有国家的实力差别程度，只要采取相对简单的等级分类法就行。①

双边关系变化的速度是缓慢还是迅速，在很大程度上也是一个经验问题和常识问题，无需对双边关系变化的时间起点和终点进行精确界定，也无需对变化速度精确到具体的天数或月数。

由于量化双边关系变化速度的问题没有衡量国家实力那么复杂，为使本书的研究更加明确，同时也为了下文在寻找相关案例时更加方便，本书在经验或常识认知方法的基础上，把迅速变化的时间界定为不超过两年半，速度长于两年半则称之为缓慢变化（见表1-3）。关于迅速变化与缓慢变化时间的界定，总体而言以经验和常识为基础。虽然如此界定有些武断，但这样做有两个好处：第一，在时间上穷尽了所有可能，即这种二分法把所有变化速度都包含在内；第二，将更有利于下文研究的进行。在此，有必要再次强调的是，我们仍然保留华尔兹提出的经验或常识认知方法，即双边关系的变化速度更多的是一个经验或常识问题，我们只是为了研究的方便，在此基础上界定了迅速和缓慢的确切时间。也就是说，在现实生活中以及在本书的一些案例中，极个别案例的变化时间可能会超过两年半。有必要指出的是，双边关系的迅速变化不一定是两国关系的质变，它主要强调变化速度快、周期短。

---

① 阎学通：《中国崛起的实力地位》，《国际政治科学》2005年第2期。

表1-3 双边关系变化速度的划分及依据

	量化主要依据	量化辅助依据
迅速	经验或常识为主	通常短于一年，不长于两年半
缓慢		两年半以上

四、国家双边关系剧变及判定依据

前文已经对双边关系的变化进行了详细讨论。本节将在前文分析的三种变化的基础上提出一种具有一定综合性的双边关系变化——剧变。

（一）国家双边关系剧变

中国国际关系学者对于剧变一词极其熟悉。剧变既可以指国内政治局势的变化，如东欧剧变等政治局势剧变，也可指国家关系的变化。有学者认为，20世纪初俄国与日本关系的变化就是一种剧变；2007年，英俄两国因"特维年科"事件而发生纷争，虽然其激烈程度与冷战时期的同类事件相近，但学者的基本共识是，两国关系不会因此发生剧变；[1] 还有学者把1962—1965年美国与巴基斯坦关系跌至低谷的变化称为剧变。[2] 2010年以来，随着中国跃升为世界第二大经济体，中国与世界的关系也在发生剧变。[3]

---

[1] 潘兴明：《英俄纷争问题探因》，《俄罗斯研究》2008年第2期。
[2] 常县宾：《1962年中印边界冲突与美巴关系》，《安徽史学》2009年第1期。
[3] 李志永、袁正清：《大国外交的中国特色之论》，《太平洋学报》2015年第2期。

可见，在国际关系学界，剧变一词也可以用来形容或界定国家间关系的变化。然而，什么是双边关系剧变？迄今为止，笔者尚未发现有学者在界定国家间关系时对这一概念进行过任何阐述。不对剧变这一概念进行阐述的结果之一是无法确定该现象是否属于剧变。剧变是本书的基础和核心概念，必须对它进行清晰界定。

所谓剧变，即剧烈的变化，通常表示一种预料之外的、突然的变化，既可指积极、可喜的变化，也可指不希望出现的变化。它不同于巨变，巨变即巨大的变化，一般表示预料之中的变化，是合理或必然的变化，并且是积极、可喜的变化。

而双边关系剧变，是指两国之间关系性质的迅速变化。剧变不同于一般变化之处在于：在速度上，它是迅速而非缓慢的；在性质上，它是质变而非量变；而在方向上，则是不固定的，既有可能是上升，也有可能是下降，还有可能是反复无常。根据前文对双边关系变化的分类，我们可以这样理解剧变：就性质而言，它是一种质变，即从四种关系中的任何一种向其他三种变化，如前文已经指出的，双边关系质变主要有六组十二种情形；就方向而言，它既包括上升也包括下降；就速度而言，它是一种迅速的、具体且明确的变化，通常能直接感受到。

（二）国家双边关系剧变的判定依据

上述对双边关系剧变的界定，仍然相对抽象和模糊，只是在概念层面上指出了它既指涉两国关系性质的变化，也指涉两国关系速度的变化。如何判定双边关系中的变化属于剧变？本书认为，关键是找到两组标准。

第一组标准是外交事件标准，即找到能确定双边关系性质的外交事件。本书把标志两国关系开始发生剧变的事件称之为起点标志性事件，而称两国关系完成剧变的事件为终点标志性事件。

第二组标准是时间标准。前文在分析双边关系变化速度时，曾明确指出，变化速度不论在日常生活中还是在学界，都如同国际关系中的大国概念一样，更多的是一个经验或常识问题。为了使剧变在时间上更加明确，也为了使本书第二章梳理的相关案例更具代表性，笔者最终还是界定了双边关系剧变的时间标准，通常短于一年半，最长不超过两年半。由于外交事件是确定双边关系是否发生质变的最主要标准或依据，因此，确定双边关系是否发生剧变，其核心任务是找到起点标志性事件和终点标志性事件，如果这段时间短于两年半则为剧变，长于两年半则不属于剧变。

这里对为什么确定两年半而不是更长或更短的时间作为双边关系剧变的时间标准再作以下补充。我们以 60 分作为考试是否及格或是否通过为例进行旁证。在很长一段时期内，60 分是中国（甚至是世界）众多考试是否通过、是否及格的分界线，例如，在大学英语四级和六级考试未进行改革前，60 分及以上则可以发大学英语四级或六级证书，而 59 分甚至是 59.5 分则不能。中国普通话考试中各个等级的划分，同样有分数线。为什么只比规定分数线少 1 分甚至 0.1 分就处于两个不同等级呢？此外，为什么不是以 50 分作为考试是否及格的分界线？细究起来，这些分数的确定，同样建立在基本生活常识上。

纵观国际关系史，历史上几乎所有双边关系都经历过质变，如果没有时间界定，所有双边关系的变化都可最终归类为剧变。有些双边关系的变化，虽然在过程上较长，但大家几乎一致认为它们属于双边关系剧变，如从二战末期到杜鲁门主义问世，美苏关系所经历的变化就是一种剧变，前后长达两年半，在时间上远长于本书所归纳的大多数案例。一方面，笔者要把这些经典案例纳入其中；另一方面，笔者还要把那些在性质上变化较弱、但时间很短的相对非显性的剧变也纳入进来，因此，必须把时间控制在一定范围内。本书力图把1648年以来国际关系史上所有属于剧变的案例梳理出来，有一个明确的时间标准有利于快速而准确地找到相关案例。

表1-4 双边关系剧变的标准

关系性质	事件标准	方向标准	时间标准
盟友	通过国际条约或口头协议、秘密条约结成军事同盟；分享重要军事情报（如战略情报），向对方提供军事援助；举行针对第三方（共同敌人或共同威胁）的联合军演；联合作战以对付共同敌人或共同威胁；高级别的安全对话机制等	从其中一种关系变化为其他三种关系中的任何一种	以一般经验或常识为主，但最长不超过两年半
伙伴	发表联合声明或联合公告；至少存在正常的高层互访或会晤；维持正常外交关系；高层会晤频繁等		
对手	偶尔存在军事对峙；存在一定的经济制裁；针对对方的某些外交抗议和谴责，高层会晤少（有时因故取消某些重要会晤）；断交或召回驻东道国大使；不支持对方的政治立场或政治主张等		

续表

关系性质	事件标准	方向标准	时间标准
敌人	发生战争或军事冲突，长期敌对，对对方构成军事威胁，反对对方的政治主张或政治立场，支持反对对方的政治、军事行动或政治、军事力量等	从其中一种关系变化为其他三种关系中的任何一种	以一般经验或常识为主，但最长不超过两年半

在事件标准和时间标准这两个标准中，前者相对容易确定，后者较难确定。为了确保所找案例完全符合本书界定的两个标准，我们在事件标准和时间标准的选择上通常会更加严格。对于只是可能而非明确标志两国关系发生质变的标志性起点或终点事件，本书弃之不用，而是选择那些能明确判定两国关系已经发生剧变的标志性事件。这可能导致本书所确定的发生起点标志性事件的时间晚于实际发生时间，而终点标志性事件发性的时间早于我们在文章中找到的时间。

（三）国家双边关系质变与剧变的关系

前文已经分析过，在双边关系的变化分类中，剧变属于质变的一种，换而言之，两者是被包含与包含的关系，即剧变是质变的子集，用数学符号表示，就是剧变 ∈ 质变。两者的关系不难区别，但是在国际政治中，如何区别哪些双边关系的质变是剧变，哪些则不是呢？这是极其困难的一项工作，任何质变都是量变积累到某个临界点后的变化，就其表现形式而言，都是突然的、急剧的、剧烈的变化。

本书认为，准确而迅速地鉴定一种质变是否为剧变的关键在于判断变化速度的快慢，即从一种性质的关系变化到其他性质的关系需要多长时间。通常情况下，质变需要较长时间，但在无政府状态下的特殊环境中，国家为了实现利益最大化，朝秦暮楚的现象时有发生。如果从速度的视角来进行分类，质变也可以分为缓慢变化与迅速变化，剧变就是迅速发生的质变。关于双边关系缓慢与迅速变化的时间长度之界定，上文在对比双边关系的缓慢变化与迅速变化时已作过详细介绍，于此不再赘述。

需要指出的是，双边关系剧变，虽然就其速度而言是迅速的，但导致这些变化的原因则可能是长期存在的，也就是说，双边关系剧变的可能性一直存在，这是剧变与非剧变的共同点。不同之处在于诱发剧变与缓慢变化的时间点不同，一个在较短期内触发，另一个则在较长时间后才触发。换言之，导致双边关系缓慢质变与剧变的原因可能是相同的，其关键区别是，这些诱发因素发生作用的触发点不一样。剧变的触发点离临界点很近，而缓慢变化的触发点则离临界点较远（如图1-4）。关于诱发因素与诱发时间点的关系，第三章和第四章将会详细分析。

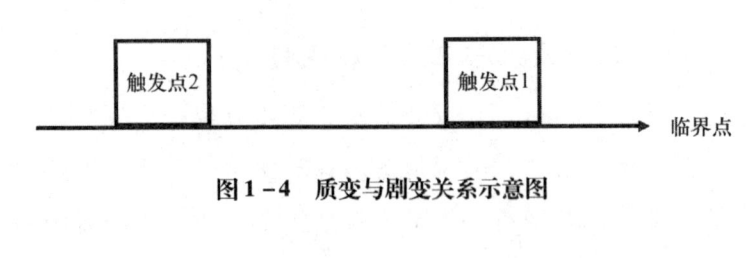

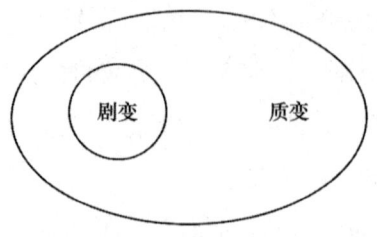

图1-4 质变与剧变关系示意图

图1-5 质变与剧变在时间点上的区别

五、本章小结

与双边关系的其他变化相比,剧变并不是双边关系的一种常态,但却是国际社会中一种正常且时有发生的现象。在学术界,大部分学者研究的是某一对具体双边关系的剧变,较少有学者对这一现象进行全面系统的理论研究。界定双边关系剧变的概念和具体标准是进行全面系统研究的基础,本章的主要任务则是从概念和具体标准上界定双边关系剧变。

双边关系的变化既有量变也有质变,不论是同一关系性质内还是不同性质的关系之间,在不同时期都有不同的状态。不论是双边关系性质的变化还是双边关系状态的变化,都要通过具体的外交事件来确定。

依据不同标准,双边关系变化可进行不同类型的划分。依据性质,可划分为质变与量变;依据方向,可分为上升、下降和反复;依据速度,可分为缓慢与迅速。剧变的本质是一种质变,剧变区别于其他质变的关键在于变化速度的快慢。剧变是一种综合性变化。如果双边关系性质的变化从起点到终点的时间不超过两年半,则可以称之为剧变。重要外交行动或外交事件是剧变起点和终点的主要标志。

第 二 章

国家双边关系剧变的主要案例[①]

依据双边关系的变化速度、变化方向以及变化性质，可以把双边关系变化划分为以下类型（参见表2-1）。双边关系剧变是一种迅速发生的质变，迅速上升质变、迅速反复质变和迅速下降质变属于质变，即表2-1中加粗字体的三种变化。

表2-1 双边关系变化类型

变化速度	变化方向	变化性质	
		质变	量变
缓慢	上升	缓慢上升质变	缓慢上升量变
	反复	缓慢反复质变	缓慢反复量变
	下降	缓慢下降质变	缓慢下降量变

---

① 本章案例，除了相关注释外，主要参考了以下著作：方连庆、王炳元、刘金质主编：《国际关系史（近代卷）》（上、下册），北京大学出版社2006年版；唐贤兴主编：《近现代国际关系史》，复旦大学出版社2002年版；方连庆、刘金质、王炳元主编：《战后国际关系史（1945—1995）》（上、下册），北京大学出版社1999年版；王绳祖主编：《国际关系史》，世界知识出版社1996年版；［挪］盖尔·伦德斯塔德著，张云雷译：《战后国际关系史》，中国人民大学出版社2014年版。

续表

变化速度	变化方向	变化性质	
		质变	量变
迅速	上升	迅速上升质变	迅速上升量变
	反复	迅速反复质变	迅速反复量变
	下降	迅速下降质变	迅速下降量变

第一章在分析国家双边关系变化方向时已经指出，依据变化幅度，国家双边关系剧变可分为逐级型剧变和跨越型剧变。依据双边关系剧变的变化方向和幅度，双边关系剧变有六种：跨越型改善、逐级型改善、跨越型反复、逐级型反复、跨越型下降、逐级型下降（参见表2-2）。

表2-2 国家双边关系剧变类型

变化幅度 变化方向	改善（上升）	反复（循环）	下降
跨越型	跨越型改善	跨越型反复	跨越型下降
逐级型	逐级型改善	逐级型反复	逐级型下降

本书将以变化方向为主要逻辑依据，再结合变化幅度，梳理1648年以来国际关系史上双边关系剧变的案例。在梳理相关案例的过程中，本书将遵循下列原则：第一，明确双边关系的性质，即双边关系变化前的关系性质和变化后的关系性质；第二，确定双边关系剧变的标志性事件，双边关系是否发生变化，要通过起点和终点标志性事件来界定，找出标志性事件极为重要；第三，计算双边关系剧变的时间，即从起点标志性事件到终点标志性事件之间的时间是否超过两年半；第四，简要

指明双边关系发生剧变的主要原因。

一、迅速改善型国家双边关系剧变

双边关系迅速改善,从其改善程度来看,可以分为两类:一是跨越型改善。双边关系性质,按照关系从坏到好依次为敌人、对手、伙伴和盟友四个类别,跨越型改善就是从较差一级跳过其上一级关系,直接跳跃至其他更友好的关系,主要包括三种情形——从敌人跨越至盟友、从对手跨越至盟友、从敌人跨越至伙伴。二是逐级改善,即两国关系性质从较差一级迅速改善为更上一级的关系,主要包括三种情形——从敌人改善为对手、从对手改善为伙伴、从伙伴改善为盟友。由于跨越型改善在两国关系性质的"落差"上更加符合本书所界定的剧变,本部分列举的案例绝大部分属于跨越型改善。

(一) 迅速改善之一——跨越型改善

前文已经指出,双边关系跨越型改善主要有三种情形,即从敌人跨越至盟友、从对手跨越至盟友、从敌人跨越至伙伴。

1. 从敌人跨越至盟友

(1) 遗产战争中英荷从敌人跨越至盟友

1609 年荷兰彻底摆脱西班牙的殖民统治后,迅速发展为 17 世纪的航海和贸易强国。荷兰的商船数量和运载能力均超过欧洲其他国家的总和。荷兰东印度公司在鼎盛时期拥有 1.5 万个分支机构,1 万多艘荷兰商船穿梭于五大洋之上,贸易额约占全世界贸易总额的50%,荷兰因此被誉为"海上马车夫"。

位于欧洲大陆对岸的英国内战结束后,迅速发展为海上强国。为打败实力更加强大、优势更加明显的荷兰,英国精心策划了挑战荷兰海上霸权的计划。1651年,英国颁布了针对荷兰的《航海条例》,规定一切输入英国的商品必须由英国船只或由其实际产地的船只运到英国,没收所有违反规定的商号及船只。依此条例,英国先后扣压了荷兰70艘商船。荷兰不能容忍英国的挑衅与挑战,两国最终于1652年爆发了第一次英荷战争。战败的荷兰被迫与英国在1654年4月签订《威斯敏斯特条约》,不得不接受1651年英国颁布的《航海条例》。获胜后的英国于1660年颁布了升级版的《航海条例》,加大了对荷兰的禁运范围,并且夺取了荷兰在北美洲的殖民地。1665年3月,英国再次向荷兰宣战,6月,荷兰战败。为扭转战局,1666年1月,荷兰与法国结盟。面对荷兰与法国的联盟,英国最终战败,并于1667年7月签订《布雷达和约》。英国对《航海条例》作了有利于荷兰的修改,即允许荷兰船只将莱茵河沿岸的货物运往英国。《布雷达和约》重新划分了两国的势力范围,第二次英荷战争正式落下帷幕。

在第二次英荷战争期间,法国与西班牙爆发了遗产战争。路易十四的王后玛丽亚·特雷丝是西班牙国王腓力四世之长女,腓力四世去世(1665年)后,路易十四以王后玛丽亚·特雷丝的名义要求继承西属尼德兰的遗产,引起西班牙强烈不满,两国于1667年兵戎相见,史称遗产战争。法国是当时欧洲大陆最强大的国家,一旦法国在这场战争中获胜,其实力将进一步增强并将在欧洲大陆形成霸权,这既不符合英国长期奉行的均势政策，也在一定程度上威胁了英国的安全。荷兰与法国在贸易上有竞争，更加重要的是，法国当时的行动威胁到了荷兰的安全。荷兰一改其传统政策，与英国、瑞典于1668年1月结成防御同盟，共同抵制法国在欧洲的扩张行动。[①] 荷兰与英国的结盟标志着两国矛盾暂时搁置。

从1667年7月英荷签订《布雷达条约》到1668年1月两国结盟，在半年左右的时间内，两国关系完成了从敌人到盟友的剧变。

（2）法荷战争前英法从敌人跨越至盟友

在遗产战争中，由于路易十四对战争准备不足，在多国的共同干涉下，法国虽然战胜了西班牙，获得部分领土，但路易十四的要求并没有得到满足。他一直努力追求的"天然疆界"目标并没有实现，而荷兰是法国实现这一目标的最大阻力。为"拔掉"荷兰这颗"钉子"，路易十四于1668年开始派特使前往英国游说，以结成反荷同盟。英国当时正处于斯图亚特王朝复辟初期，政权还不稳固，在内政上需要法国的经济和军事援助，在外交上需要法国的支持与认可，同时也需要一场胜利来巩固政权。更加重要的是，英国与荷兰的海上霸权之争并没有结束。1670年6月，英法在多佛秘密结盟。两年后，即1672年4月，法国借口荷兰在遗产战争中背弃盟友转投西班牙，并以荷兰的高关税妨碍法国出口贸易为由，发动了法荷战争。英国已经于当年3月底发动了第三次英荷战争。

[①] 方连庆、王炳元、刘金质主编：《国际关系史（近代卷）》（上），北京大学出版社2006年版，第13页。

1668年5月，在荷兰、英国和瑞典三国联盟的压力下，西班牙被迫接受了《亚琛条约》。彼时，英国与法国还是敌人关系，1670年6月，两国在多佛秘密结盟。在两年左右的时间内，两国关系完成了一次从敌人到盟友的剧变。

(3) 拿破仑战争时期法俄从敌人跨越至盟友

从法国大革命爆发到拿破仑战争初期，俄国对发生在法国的一系列重大事件基本持仇视态度：1792年9月瓦尔密战役后，法国废除君主制，实行共和制，并于次年1月处死路易十六。法国这些废除君主和王族特权的措施进一步加剧了俄国对法国的仇恨，俄国宣布与法国断交，并同意参加英国领导的第一次反法同盟，且一度答应派六万大军进攻法国，虽然叶卡捷琳娜二世的去世及其他原因导致俄国没有参加第一次反法同盟，但参加了此后的第二次、第三次、第四次反法同盟。1806年9月，英俄组成了有瑞典和普鲁士参加的第四次反法同盟。1807年2月，法俄两军在东普鲁士埃劳城的战争未分胜负，1807年6月，法军大败俄军。

面对法军对本国领土的安全威胁和国内严峻的经济形势，英国不能给予俄国有效支援。俄国急需喘息机会以恢复国内经济。虽然拿破仑率领的法国军队多次打败反法同盟，但他并不愿意长期面对腹背受敌的局面。同时，法国此时正在实行针对英国的大陆封锁政策，需要俄国这个重要国家的支持。拿破仑不失时机地利用俄国与英国一直存在的矛盾，向俄国提出了较为诱人的条件。亚历山大一世向拿破仑表示："我对英国人的仇恨一点都不比您少，您一切反对英国人的行动都将得到我的协助。"1807年7月，法俄签订《提尔西特和约》，还缔结了攻守同盟条约，确定了两国的同盟关系并于次年举行爱尔富特会谈，确定了新的同盟公约。在和约中，双方相互让步，拿破仑以法俄共同瓜分土耳其并暗示俄国可以吞并芬兰为条件；作为交换，俄国暂时承认法国扩张至尼曼河以西的事实，并答应支持法国孤立英国的大陆封锁政策。

从1807年6月中旬法军大败俄军，到1807年7月7日两国签订《提尔西特和约》和攻守同盟条约，俄国在不到一个月的时间里，迅速从反法同盟的一员变成法国的同盟。

（4）日俄战争后日俄从敌人跨越至准盟友

1868年明治维新后，日本实力不断增强，在废除与列强签订的所有不平等条约之后，野心迅速膨胀，开始了长达近一个世纪的对外扩张之路。日本在东北亚的扩张政策与正在不断向东北亚地区扩张的俄国迎头相撞。在与俄国博弈的过程中，日本认识到，单靠本国力量无法战胜俄国，日本在利用俄国与英国在远东矛盾的基础上，于1902年1月10日与英国签订同盟条约，正式确立了两国的盟约关系，并成功争取到美国的同情与支持。1904年2月6日，日本宣布断绝日俄外交关系；两天后，日本先发制人偷袭了旅顺口的俄国太平洋舰队；10日，日俄相互宣战，日俄战争最终爆发。战争以俄国战败告终，两国于1905年9月5日签订《朴茨茅斯和约》。

日俄战争后，日本在朝鲜半岛获得大量特权，但也付出了巨大代价。据统计，日俄战争期间，整个战争军费开支超过15亿日元，日本国债从战前的6亿日元猛增至24亿日元。日本伤亡惨重，阵亡约13.5万人，伤员约5.5万人，战时大约有150万人脱离了生产劳动。俄国损失更加惨重，丧失了辽东半岛的租借地权，太平洋舰队和波罗的海舰队几乎全军覆灭。战争加剧了俄国国内各种矛盾，导致生产停滞、财政窘迫。在人员伤亡方面，俄国远超日本，阵亡14.3万人，伤员14.6万人，被俘约8万人。①

在日本和俄国实力均不同程度地遭到削弱的时候，美国的实力却迅速增强。一方面，日本与俄国均无力与对方再次发动战争；另一方面，面对美国在东北亚地区对两国利益形成的直接或间接威胁，日俄开始摒弃前嫌，由对抗走向合作，从敌人变成朋友。

1906年5月，日本政府作出决定，要"使俄国忘却旧怨，与我亲善"。为向俄国示好，日本特意派遣以亲俄著称的本野一郎担任驻俄公使。日本的示好很快收到来自俄国的回报。当年年底，俄国外交大臣伊兹沃尔斯基对本野一郎表示，只要两国之间能保证将来的和平，俄国必将让步，并向沙皇建议与日本进行谈判以巩固对日亲善。经过多轮谈判，两国于次年7月30日在圣彼得堡签署日俄协约，内容包括公开协约、秘密协约、追加条款和换文四部分。②

从1905年9月5日日俄签订《朴茨茅斯和约》，到1907年7月30日在圣彼得堡签署日俄协约，日俄建立了准军事盟友关系，日本与俄国这对曾经的世仇，在兵戎相见之后，面对共同的威胁，在两年之内从敌人跨越至盟友，"这是国际关系史上罕见的剧变"③。

---

① 张淑贤：《从"仇敌"到"盟友"的剧变——1905年~1907年日俄关系分析》，《东北师大学报（哲学社会科学版）》1994年第4期。
② 周启乾：《日俄战争后两国间的四次协约》，《历史教学》1985年第11期。
③ 张淑贤：《从"仇敌"到"盟友"的剧变——1905年~1907年日俄关系分析》，《东北师大学报（哲学社会科学版）》1994年第4期。

2. 从对手跨越至盟友

（1）苏德战争爆发后英苏从对手跨越至盟友

法西斯势力在德国取得执政地位后，德国被认定为是英国最重要的潜在敌人。英国一度对希特勒上台初期破坏凡尔赛体系的行为进行了实质性的抵制，在此背景下，英苏关系有所回暖。然而，1937年5月，出任英国首相的张伯伦认为："引起德国最大不安的国家是苏联而不是英国。"① 英国对德国的过度妥协导致苏英关系不断疏远，两国甚至在西班牙内战问题上出现了一定的敌意。1940年5月，新上任的丘吉尔首相迅速调整英国的外交政策。为应对来自德国的战争，英国着力改善英苏关系：派遣对苏友好的克里普斯出任驻苏大使，常与斯大林书信往来，与苏联分享有关德国的军事情报。② 苏德战争爆发前一周，当英国得到德国即将进攻苏联的情报后，外相艾登召见苏联驻英大使麦斯基，通知他一旦德国进攻苏联，英国将从军事上对苏联提供必要的援助。当英国获悉德国已进攻苏联后，丘吉尔明确表示英国将对苏联给予一切援助。面对德国的武装入侵，苏联积极与英国谈判联合对付德国的事宜。1941年7月12日，两国签订"英苏协定"，规定在反纳粹德国的战争中相互提供援助和支持，除两国经相互同意外，不得单独谈判或缔结停战协定或和平条约。苏英于1942年5月26日签订的"合作互助同盟条约"，进一步巩固了两国之间的盟友关系。

如果从1940年5月，丘吉尔上台后调整对苏政策算起，

---

① 吴友法：《二战前英国绥靖政策的起讫问题》，《世界历史》1981年第2期。
② 倪学德：《援苏抗德与丘吉尔的现实主义外交》，《河南大学学报（社会科学版）》2009年第3期。

到1942年10月初英国与苏联结成反战时同盟，两国在两年半内从对手关系变为盟友关系，或者说从准敌人关系变成盟友关系，因为，英国与苏联在西班牙内战问题上已有了一定敌意。如果起点时间从德国入侵苏联算起，那么，两国关系发生剧变的时间更短，只有不到半年时间。

（2）苏德战争爆发后美苏从对手跨越至盟友

苏德战争爆发后，为了对抗共同的敌人，美苏摒弃了两国在意识形态和社会制度上的对立，迅速从对手关系变成盟友关系。苏德战争爆发后次日，美国政府在声明中明确表示支持苏联对纳粹德国作战。1941年8月9—12日，罗斯福与丘吉尔会晤并发表了《大西洋宪章》，讨论对苏军事援助事宜。9月24日，苏联政府声明基本同意《大西洋宪章》规定的原则。一周后，苏联、美国、英国签订了《对俄供应第一号议定书》，规定三国相互提供经济、物资和武器援助，[①] 这标志着苏英美三国同盟正式形成。1941年12月7日，日本偷袭珍珠港，苏联、美国、英国等26国于1942年元旦签署的《联合国家宣言》进一步巩固了美苏同盟关系。实际上，美苏在1939年12月2日之后一段时间内，两国仍然是对手关系，换言之，两国关系发生剧变的时间要短于一年半。

3. 从敌人跨越至伙伴

（1）第四次中东战争后埃以从敌人跨越至伙伴

阿拉伯人与犹太人之间的敌对关系最迟可以追溯到19世纪末犹太复国主义运动的兴起。阿以矛盾的升级和激化始于1948年以色列建国。埃及是阿拉伯国家中人口最多、实力最

---

① 张世均：《论二战时期苏美关系的演变》，《青海社会科学》1997年第4期。

强、影响力最大的国家，在较长时间内，埃以矛盾和冲突就是阿以关系的缩影。从1948年至1973年第四次中东战争爆发，25年内阿以之间发生了4次大规模战争，而小的摩擦与冲突不计其数。冲突、对抗与战争是这段时期内埃以关系的主旋律，武力与军事则是埃以解决矛盾的主要途径和手段。埃及是阿拉伯国家的桥头堡，一直是阿以冲突中的排头兵。这使埃及在安全上长期受到威胁，为确保国家安全，埃及国民生产总值中的三分之一用于维持军队开支，巨额的军费开支严重影响埃及经济的健康发展。

  1974年5月，埃以签署了第一阶段脱离军事接触协议后，以色列对埃及的军事威胁并未真正消失，埃及不得不借贷购买武器，萨达特政府外债持续攀升，到1976年时高达120亿美元。为了维持经济的正常运转，萨达特总统被迫实行经济紧缩政策、减少生活补贴，结果引发社会动荡。萨达特政府决定实现中东和平，从根本上解决上述难题。第四次中东战争同样震惊了以色列。它彻底打击了以色列在第三次中东战争中建立起来的高度自信，尤其是战争初期的挫败在以色列国内造成了一定的恐慌心理，同时，以色列也付出了较大的伤亡代价。阿拉伯国家进行的石油斗争使日本及部分西方国家停止了对以色列的援助，这加剧了以色列的经济压力。更加重要的是，美国也支持和赞同萨达特政府的和平行动。

  1977年11月19日，埃及总统萨达特在未与其他阿拉伯国家协商的情况下，突然访问耶路撒冷。在以色列议会中发表演讲，宣布"以色列已成为既成事实，我们要和你们在公正而持久的和平中生活"①。虽然"这次访问象征意义大,而实质收效甚微"②,但终究打破了埃以关系的坚冰。

此后,美国作为外部推力,及时推动并有效巩固了两国关系良好的发展势头。1978年9月5—17日,埃及、以色列两国领导人在美国总统卡特的协调下,三国在戴维营围绕西奈半岛、巴勒斯坦问题以及以色列合法国际地位等问题进行了艰难谈判。谈判多次陷入僵局,埃及总统萨达特在谈判中途一度决定要放弃谈判打道回府,在卡特总统的劝说和施压下才同意继续谈判。1978年9月17日,埃以美三国领导人签署了著名的《戴维营协议》,协议规定埃及和以色列签字后3个月内缔结和约,但在两国国内反对势力以及其他阿拉伯国家的反对和干扰下,未能如期缔结和约。美国总统卡特再次亲自出马,1979年3月赴埃以两国进行斡旋,埃及和以色列最终于当年3月26日正式签署了和平条约,结束了两国长达25年的敌对关系。埃以关系在约两年半内从长期的敌对关系走上正常化,不失为一种剧变。

(二) 迅速改善之二——逐级型改善

前文已经指出,双边关系逐级型改善包括三种情形——从敌人改善为对手、从对手改善为伙伴、从伙伴改善为盟友。逐级型改善需要对外交事件的性质和剧变发生的时间有更加准确的把握,那些发生在近现代和冷战时期的案例由于时间相对久

---

① [美]吉米·卡特著,裘克安等译:《保护信心——吉米·卡特总统回忆录》,世界知识出版社1983年版,第180页。
② 贺雅琴:《吉米·卡特与埃以关系正常化》,《山西大同大学学报(社会科学版)》2014年第6期。

远而难以把握和度量，因此，本部分所选择的案例在近几年只有一个，并未完全覆盖逐级型改善所包涵的三种情形。

谢尔·巴哈杜尔·德乌帕当选首相后尼泊尔与印度关系迅速升温。尼印领土争端源于1816年英尼战争结束后签订的《赛高里条约》，尼泊尔因此丧失了近三分之一的领土。1947年印度独立后，尼泊尔接受了把《赛高里条约》作为处理尼印边界问题的前提，作为继承英国殖民者在次大陆遗产的印度也以该条约作为划定尼印边界的基本法律文件。由于该条约的不平等性，以及条约本身标识不清、河流改道等客观因素，两国共同对边境地区进行了多次勘察和测绘。在落实两国于1996年签订的《马哈卡利条约》的过程中，卡利河源头与边界问题已经凸显。

2019年11月2日，印度发布的新版"政治地图"将卡利河边界争议区划入印度，这引发了尼泊尔奥利政府的强烈不满。"我们的爱国政府不允许任何人侵犯尼泊尔的任何一寸领土。邻国印度应该从卡拉帕尼地区撤回其武装力量。"[①] 印度强硬回应尼泊尔的要求："新地图准确地描绘了其主权领土，没有修改任何与尼泊尔的边界。"[②]

2020年5月8日，印度国防部部长拉杰纳特·辛格在北阿坎德邦为一条连接利普列克山口和达丘拉80公里长的战略要道举行揭幕仪式。尼泊尔声称它经过了尼泊尔领土。尼印两国

---

① "Kalapani dispute: Nepal PM says would not allow anyone to encroach 'even an inch'," The New Indian Express, Nov. 19, 2019, https://www.newindianexpress.com/world/2019/nov/19/kalapani-dispute-nepal-pm-says-would-not-allow-anyone-to-encroach-even-an-inch-2063861.html.

② "Nepal preparing for talks with India on Kalapani issue: Foreign Minister Pradeep Gyawali," The New Indian Express, Dec. 30, 2019, https://www.newindianexpress.com/world/2019/dec/30/nepal-preparing-for-talks-with-india-on-kalapani-issue-foreign-minister-pradeep-gyawali-2082857.html.

关系再度紧张。2020年5月20日，作为对印度的回应，尼泊尔也发布了新版"政治地图"，将卡利河争议区划入尼泊尔。2020年6月17日，尼泊尔总统比迪亚·班达里批准了众议院尼泊尔版图宪法修正案，将卡拉帕尼、利普列克和林比亚杜拉等争端地区纳入尼泊尔版图。印度反应强烈，称其为"单方面行为"，并警告加德满都，这种"人为扩大"领土的行为是（印度）无法接受的。此后不久，一支印军试图进入卡拉帕尼地区，尼泊尔军队在警告无效的情况下，向印军开火。激战过后，双方各有伤亡。尼印之间的边界争端陷入僵局。

2021年7月19日，德乌帕第五次担任尼泊尔总理。当天两国总理通话。莫迪对德乌帕被任命为尼泊尔总理以及赢得议会的信任投票表示祝贺和最好祝愿。他们回顾了两国的独特友谊和古老联系，两国领导人同意共同努力，加强所有领域的双边合作。2021年11月2日，莫迪和德乌帕在出席格拉斯哥第26届联合国气候变化大会期间进行会晤。这是德乌帕第五次就任尼泊尔总理后，两位领导人的第一次会晤。两位领导人同意在抗疫等方面继续合作，并表示后疫情时代应加强密切合作。

2022年4月1—3日，德乌帕携尼方四位部长访印，这是其2021年7月担任尼泊尔总理以来进行的第一次双边访问。德乌帕此行的核心任务是修复2015年以来两国停滞不前的关系。德乌帕公开表示，尼泊尔将把与印度的经济关系置于最重要的位置。莫迪也在会见德乌帕时向他保证，作为尼泊尔最重要的发展伙伴，印度将支持尼泊尔的发展置于优先地位。两国签署了以石油及太阳能为主要内容的合作文件。此次访问标志尼印关系恢复步入正轨。

5月16日，莫迪应邀对尼泊尔进行为期一天的"闪电访问"，出席在佛陀诞生地蓝毗尼举行的释迦牟尼诞辰2566年庆祝活动。莫迪从印度北方邦释迦牟尼涅槃处拘尸那揭罗出发，直抵释迦牟尼佛诞生地蓝毗尼。莫迪精心选择出发地点，旨在显示尼印非同寻常的文化渊源。莫迪此行，直接目的是为尼泊尔重启旅游业站台，防止尼泊尔成为第二个斯里兰卡；最终目的是巩固开始升温的尼印关系。

从2021年7月19日德乌帕走马上任到2022年5月16日莫迪闪电访尼，一年内两国总理互动四次，其中包括三次线下会晤，两国关系的亲密程度可见一斑。在德乌帕就职一年内，两国最高领导人实现互访，足见两国政府对发展彼此关系的迫切心理。莫迪在德乌帕访印一个半月后应邀访尼，虽然象征意义远大于实际意义，但这充分显示了印度对尼泊尔的重视。

二、急剧恶化型国家双边关系剧变

与双边关系迅速改善一样，从其恶化程度来看，双边关系急剧恶化同样可分为两类：一是跳跃型或跨越型恶化，即两国关系从较好一级跳过其下一级关系，直接跃至较差两级的关系，主要包括三种情形，从盟友跨越至对手，从盟友跨越至敌人，从伙伴跨越至敌人；二是逐级恶化，即从较好一级的关系恶化为更差一级的关系，主要包括三种情形，从盟友恶化为伙伴，从伙伴恶化为对手，从对手恶化为敌人。由于跨越型恶化在两国关系性质的落差上更加符合本书所界定的剧变，因此，本部分列举的案例绝大部分属于跨越型恶化。

（一）急剧恶化之一——跨越型恶化

双边关系跨越型恶化有三种情形，但笔者在梳理相关案例时，并没有找到从伙伴关系急剧恶化为敌人的案例。

1. 从盟友跨越至敌人

（1）遗产战争中法荷从盟友跨越至敌人

英国在结束内战后，开始精心策划挑战荷兰海上霸权的计划。1651年，英国颁布了针对荷兰的《航海条例》，并于1652年挑起了与荷兰的战争，史称第一次英荷战争。战败的荷兰被迫与英国在1654年4月签订《威斯敏斯特条约》并接受《航海条例》。1665年3月，英国再次向荷兰宣战，史称第二次英荷战争。同年6月，荷兰战败。为扭转战局，1666年1月，荷兰与法国结盟。

在第二次英荷战争期间，法国与西班牙爆发了遗产战争。法国是当时欧洲大陆最强大的国家，一旦法国在这场战争中获胜，实力将进一步增强。荷兰与法国在贸易上有竞争，更加重要的是，法国当时的行动对荷兰构成巨大的安全威胁。荷兰一改传统政策，与英国、瑞典于1668年1月结成防御同盟，共同抵制法国在欧洲的扩张行动。[①] 这意味着在第二次英荷战争中法国与荷兰形成的盟友关系就此终结。

从1666年1月荷兰与法国结盟对付强大的英国，到1668年1月荷兰与英国、瑞典结盟反对法国在欧洲大陆的霸权，在两年时间内，荷兰与法国从盟友变成敌人。

[①] 方连庆、王炳元、刘金质主编：《国际关系史（近代卷）》（上），北京大学出版社2006版，第13页。

（2）拿破仑战争时期俄土从盟友跨越至敌人

1789年法国大革命爆发之际，俄国与土耳其正在进行第六次战争（1787—1792年）。此后，法国大革命不断发展，法国革命军在国外的顺利推进极大地威胁了欧洲大陆各大国以及英国的利益，而革命派处死路易十六则令欧洲的封建统治者惶恐不安。1798年7月，拿破仑率领的法国军队先后攻下了亚历山大和开罗，直接侵犯了土耳其的利益，因为土耳其是埃及的宗主国，当年9月9日，土耳其向法国宣战。法国对埃及的远征及占领，同样损害了俄国的利益。为了霸占地中海，俄国自然不希望看到强大的法国插手近东事宜，加上俄国一直以来对法国大革命抱有仇恨。在此背景下，俄国和土耳其这对宿敌于1799年1月3日缔结了为期8年的同盟条约，共同反对法国。两国一起参加了英国领导的第二次反法同盟。拿破仑取得第二次对反法同盟的胜利之后，进一步巩固和提升了国内威望和地位，与此同时，由于法国实力的增强和国际影响力的提高，法国在欧洲开始新一轮的扩张。这引起了众多国家的恐慌，其中就包括俄国和土耳其。土耳其因担心法国对其再次侵犯，愿同俄国缔结新的同盟条约，而俄国一方面想扩大反法势力，另一方面趁机巩固自身在巴尔干地区的影响，双方一拍即合，于1805年9月在君士坦丁堡签订了新的俄土同盟条约。

新条约墨迹未干，1806年6月，在1799年签订的俄土同盟条约即将期满之际，土方在未与俄方磋商的情况下单方面宣布黑海两海峡对俄国军舰关闭，这引起俄方的强烈不满。拿破仑趁机于8月派使者前往土耳其说服其对俄作战。此时，法国取得奥斯特利茨大捷，声威大震，土耳其决定投向法国。此后，俄土两国因多瑙河公国事务关系进一步恶化。11月，俄军占领比萨拉比亚和多瑙河两个公国，12月30日，土耳其对俄宣战，第七次俄土战争爆发（1806—1812年）。

从1805年9月俄土缔结新的盟约到次年12月两国宣战，在15个月的时间内，两国从盟友恶化为敌人。如果从1806年11月俄军占领比萨拉比亚和多瑙河两个公国算起，两国关系剧变的时间则只有14个月，而如果从1806年6月，土方在未与俄方磋商的情况下单方面宣布黑海两海峡对俄军舰关闭算起，则只有9个月时间，两国关系剧变时间更短。

（3）拿破仑战争时期英俄从盟友跨越至敌人

英国对欧洲大陆的外交战略一直是均势外交。面对发展势头迅猛的法国大革命，英国一直是组织反法同盟的发动者和主力军。俄国仇视发生在法国的大革命，也是反对法国大革命的重要力量，虽然由于各种原因俄国没有参加第一次反法同盟，但参加了此后的第二次、第三次、第四次反法同盟。1807年6月，法军大败俄军。1807年7月，法俄签订《提尔西特和约》。在《提尔西特和约》中，俄国答应协助法国实行大陆封锁，孤立英国。1807年11月，俄国因英国拒绝亚历山大一世关于调停的建议并炮轰了哥本哈根，遂对英国宣战，并参加了法国对英国的大陆封锁。

从1799年俄国参加第二次反法同盟，到1807年《提尔西特和约》结束第四次反法同盟，八年间，面对法国这个共同敌人，英国与俄国一直是同盟关系。然而，两国关系在第四次反法同盟刚结束就发生剧变。一方面，在第四次反法同盟中，俄国被法国大败后内外交困，英国并没有给予有效支持，这引起了俄国强烈不满；另一方面，英俄两国一直以来在土耳其等问题上矛盾已久。加上俄国此时在经济和军事方面均力不从心，急需喘息时间，而法国提出对俄国而言足够诱惑的条件，战败的俄国不但没有像普鲁士那样被法国严重惩罚，而且还获利颇丰，俄国迅速从反法同盟加入法国的反英联盟。

1807年6月，英国与俄国还是反法同盟中的成员国，并肩对法作战，到1807年11月俄国向英国宣战，两国在5个月内，从盟友变成了敌人。如果从1807年7月法俄签订《提尔西特和约》和缔结攻守同盟条约算起，两国关系恶化的时间只有不到2个月。

（4）二战结束后美苏从盟友跨越至敌人

第二次世界大战期间，为共同反对以德国为首的法西斯轴心国集体，美、苏、英、法等26国在华盛顿签署了《联合国家共同宣言》，国际反法西斯联盟正式形成。二战末期，随着意大利和德国等主要法西斯力量的崩溃，美苏战时同盟存在的基础逐渐瓦解，而二战前已经存在的，以及在二战中形成的利益矛盾则逐渐尖锐化和表面化。1945年8月9日，美国在日本投下第二颗原子弹。投掷原子弹后，美国认为其在外交上取得了主动，苏联参战不再重要，无须为此对苏联作出不必要的让步。[1] 1946年2月22日，美国驻苏联代办乔治·凯南向国务院发回著名"八千字长电报"。同年3月5日，丘吉尔在威斯敏斯特学院发表了著名的"铁幕演说"。该演说通常被认为正式拉开了冷战序幕。同年3月12日，杜鲁门在国会宣读了后来

---

[1] 资中筠主编：《战后美国外交史——从杜鲁门到里根》，世界知识出版社1994年版，第44—46页。

被称为"杜鲁门主义"的国情咨文。5月22日,杜鲁门签署"援助希腊、土耳其法令","杜鲁门主义"正式付诸实施,美苏战时同盟正式破裂。

1945年8月,苏联和美国等同盟军还在日本并肩作战,1946年5月底,"杜鲁门主义"付诸实践。在不到一年的时间里,两个曾经的盟友变成对手。如果把1946年3月初丘吉尔的"铁幕演说"作为美苏同盟破裂的终点标志性事件,美苏从同盟变成对手的时间更短,两国关系可谓急剧恶化。即使把1945年4月杜鲁门继任美国总统作为美苏关系恶化的起点标志性事件,至1947年5月杜鲁门签署"援助希腊、土耳其法令",也只有两年零一个月的时间,仍可以看作是剧变。

(5)伊朗伊斯兰革命后美伊从盟友跨越至敌人

1950年6月,朝鲜战争爆发,亚洲成为冷战的主战场之一。美国把它的全球战略从"重点防御战略"向"周边防御战略"调整。伊朗作为中东地区的重要国家之一,美国决策者开始重新评估对伊朗的政策。美国在伊朗的主要目标是排挤苏联和英国势力,形成自己在该地区的影响力,主要方式则是其惯用伎俩,即推翻一个具有反美倾向或亲苏倾向的政府,建立或扶持一个亲美政权。美国联合巴列维国王于1953年策划并成功推翻了具有较浓民族主义色彩的摩萨台政府,开始了两国长达二十余年的密切关系,美国因此获得在伊朗至高无上的影响力。1959年3月5日,美国和伊朗、土耳其分别签署双边军事协定。协定第一条规定,当伊朗受到所谓"直接或间接侵略时,美国可以把军队开往它们的领土","美国将向缔约国提供军事和经济援助"。① 伊朗从此正式被纳入美国的所谓反共阵营。对于巴列维王朝而言，与美国的友好关系是它平稳执政的基石。从1953年美国扶持巴列维亲美政权到1979年伊朗伊斯兰革命爆发，两国一直是亲密盟友。②

为巩固其执政地位，1963年1月，巴列维国王在伊朗推行"白色革命"（也称为"国王和人民的革命"）。其中土地改革、扩大妇女选举权以及社会世俗化和西方化等措施猛烈冲击了伊朗的传统社会思想和社会结构。巴列维国王及其亲信在改革中中饱私囊、生活腐化，贫富差距日益扩大，导致民众及宗教保守人士的极端愤怒，最终引发伊朗伊斯兰革命并推翻巴列维政权。在伊朗伊斯兰堡革命高涨之际，有两个口号广为流传，其中之一便是"处死美国"，伊朗民众对美国的憎恨可见一斑。③伊朗伊斯兰革命的主要目标有两个：对外反对美国对伊朗的控制，对内推翻巴列维政权。这实质上是同一件事的国内和国际两个不同侧重而已。④

1979年，伊朗最高领袖霍梅尼正式接管政权后，伊朗新政权全面否定亲美、亲西方的外交政策：关闭美国设立在伊朗和苏联边境处的电子情报收集站；退出美国操作的中部公约组织；宣布取消伊朗同美国签订的约90亿美元的军火合同；宣布废除1959年两国签订的"伊美条约"；禁止美国飞机和船只

---

① 卫道煦：《美国和伊朗、土耳其、巴基斯坦签订双边军事协定》，《国际问题研究》1959年第1期。
② 范鸿达：《从亲密到敌视：美国伊朗关系的演变》，厦门大学2007年博士后学位论文。
③ 范鸿达：《美国与伊朗——曾经的亲密》，社会科学文献出版社2006年版。
④ 杨兴礼、冀开运、陈俊华：《伊朗与美国关系研究》，时事出版社2006年版，第46—47页。

进入伊朗的领空和领海。面对伊朗采取的上述反美外交政策,美国进行了强烈回应:宣布停止向伊朗提供武器装备的零配件,并对伊朗进行全方位经济制裁。1980年4月7日,美国宣布与伊朗断交。美国成为伊朗的头号敌人。[1]

从1979年伊朗发生伊斯兰革命运动到1980年4月两国断交,前后只有一年左右的时间,美国与伊朗从曾经的盟友变成敌人关系。

(6)海湾战争后美国与伊拉克从准盟友跨越至敌人

1979年,伊朗伊斯兰革命后,美国和伊拉克关系有所缓和。1980年两伊战争的爆发,为美国和伊拉克关系的改善提供了契机,两国关系因此迅速回暖。1983年12月,里根总统特使拉姆斯菲尔德到巴格达同萨达姆会谈,双方都表示有必要加强两国联系。1984年1月,两国恢复外交关系。美国与伊拉克不但全面恢复了经济、政治和军事关系,而且在此后的两伊战争中,美国向伊拉克提供了大量的军事和财政援助、秘密情报,出售美制武器,甚至直接参与对伊朗的作战。1987年7月23日和次年7月18日,伊拉克和伊朗分别接受了联合国的停火决议,长达八年的两伊战争宣告结束。美国与伊拉克在战争中建立了准军事同盟关系。1989年,新任总统乔治·赫伯特·沃克·布什(老布什)签署了一份秘密文件,准备进一步发展美国与伊拉克的关系。[2]

然而,伊拉克的地区霸权主义和伊拉克与科威特矛盾的加

---

[1] 赵国忠主编:《简明西亚北非百科全书》,中国社会科学出版社2000年版,第363页。转引自:杨兴礼、冀开运、陈俊华:《伊朗与美国关系研究》,时事出版社2006年版,第49页。

[2] 何群:《美伊关系20年》,《共产党员》2003年第4期。

剧打断了美国与伊拉克关系的发展进程。1990年8月2日凌晨1时（科威特时间），伊拉克向科威特发起突然进攻，随后宣布科威特为伊拉克的第19个省。伊拉克入侵科威特威胁了中东地区的石油稳定供应，打破了美国在中东地区长期维持的力量均衡，并可能使美国在中东地区按照其意愿塑造的国际秩序付诸东流。① 在伊拉克向科威特发起进攻当日下午8时，美国发动防止伊拉克入侵沙特的"沙漠盾牌"行动。1991年1月17日，以美国为首的多国部队轰炸巴格达，海湾战争爆发，伊拉克与美国再次成为敌人。此后较长时期内，伊拉克取代伊朗成为美国在中东地区的头号敌人。

在1989年年初，老布什还打算进一步发展美国与伊拉克的关系，1991年新年伊始，两国发生战争，美国与伊拉克在两年内从准盟友剧变为敌人。

2. 从盟友跨越至对手

苏联与南斯拉夫从盟友剧变成对手。二战期间，南斯拉夫共产党在铁托的领导下，依靠本国的武装力量最终击败了国内的法西斯力量。在1948年之前，苏联一直把南斯拉夫视为最亲密的同盟者。

1948年2月，南斯拉夫想充当巴尔干地区领导人的倾向太明显，一定程度上挑战了苏联的霸权和影响力，② 最终导致两国关系急剧恶化。

1948年7月前后，南斯拉夫与苏联和东欧国家断绝了外交

---

① 方连庆、王炳元、刘金质编：《战后国际关系史（1945—1995）》（上、下册），北京大学出版社1999年版，第890—891页。
② 张盛发：《1948—1949年苏南冲突原因新探》，《当代世界社会主义问题》2000年第1期。

关系。在约半年的时间里，两国从同盟关系恶化为对手关系。

（二）急剧恶化之二——逐级型恶化

双边关系逐级型恶化包括三种情形，从盟友恶化为伙伴、从伙伴恶化为对手以及从对手恶化为敌人。本部分的案例有从盟友恶化为伙伴和从伙伴恶化为对手两种情形。

1. 从盟友恶化为伙伴

卡塞姆军事政变后美国与伊拉克从盟友恶化为伙伴。二战末期，为了全面控制中东这一战略要地以遏制苏联，美国加大了对伊拉克等中东主要国家的政治、经济和军事投入。美国从1951年开始向伊拉克提供经济和技术援助。同年10月，美国联合英国、法国等四个国家企图建立一个包括伊拉克等国家在内的"中东军事集团"，该行动最后以失败而告终。1953年，杜勒斯在中东推行"集体安全"计划，伊拉克是重点国家。1954年美伊签订军事援助协定，两国正式成为军事盟友。1955年，伊拉克、土耳其、英国、巴基斯坦和伊朗先后加入《巴格达条约》，并于当年11月建立了巴格达条约组织。美国虽然只是以观察员身份列席该组织的理事会，但却是该组织的实际控制者。巴格达条约组织是美国操纵下的军事集团，而伊拉克当局也希望通过该组织巩固自己在国内以及中东地区的影响力。《巴格达条约》把美伊关系推向高峰。

1958年7月14日，卡塞姆发动军事政变，宣布成立伊拉克共和国，哈希姆王朝在伊拉克的统治就此结束。数天后，新政府在外交上奉行维护民族独立、加强同阿拉伯国家团结、反帝反殖、和平中立的外交政策，宣布退出巴格达条约组织，开始在政治和军事上与以美国为首的西方国家拉开距离，不再维持军事盟友关系。① 美国与伊拉克之间的"蜜月期"就此结束。此后，伊拉克政局陷入了长达 10 年的混乱局面，政变与反政变频繁上演，直到萨达姆领导的复兴党建立新政权后才结束乱局。萨达姆政权表现出强烈反美和反西方立场。两国关系不断恶化。1969 年，美国将伊拉克列入支持恐怖主义的国家名单之列。两国关系降到冰点。②

从 1958 年 7 月 14 日卡塞姆发动军事政变，到三天后伊拉克宣布中止执行《巴格达条约》，伊拉克与美国的盟友关系在不到一周的时间内便宣告结束。其恶化速度之快，实属罕见。

2. 从伙伴恶化为对手

卡塔尔断交风波。1995 年 6 月，卡塔尔现任埃米尔塔米姆之父哈马德通过政变上台，此后，他大刀阔斧地进行了全面改革，卡塔尔的内政外交均走上一条独立自主之路。③ 在外交上，卡塔尔更是动作频频，大有"小国大外交"之势。如，2010 年，西亚北非局势动荡，国内相对稳定的卡塔尔在外交上大展身手，④ 为卡塔尔赢得较高的国际声誉。由于宗教和文化等多方面的原因，伊朗几乎是阿拉伯世界的"公敌"，但卡塔尔与伊朗关系较好。卡塔尔的上述立场和外交行为令沙特及其他阿拉伯国家极为不满，甚至引发了外交风波，但毕竟同为阿拉伯

---

① 方连庆、王炳元、刘金质编：《战后国际关系史（1945—1995）》（上、下册），北京大学出版社 1999 年版，第 290 页。
② 韩志斌：《从盟友到仇敌：美国和萨达姆的伊拉克》，《江南社会学院学报》2007 年第 2 期。
③ 刘中民、张卫婷：《卡塔尔：小国玩转大世界》，《世界知识》2012 年第 9 期。
④ 胡雨：《阿拉伯剧变后的卡塔尔外交政策》，《阿拉伯世界研究》2015 年第 5 期。

国家、同属伊斯兰教中的逊尼派，它们在维护阿拉伯世界稳定、反对恐怖主义等问题上有共同利益，而且卡塔尔还是美国在海湾地区的重要军事盟友。在这些共同因素的作用下，自1971年以来，沙特及大部分阿拉伯国家与卡塔尔关系比较稳定。2015年，沙特构建了成员多达41国的反恐联盟，卡塔尔是其中成员之一。

2017年4月，卡塔尔用10亿美元换回了在伊拉克南部举行猎鹰聚会的26名卡塔尔王室成员和在叙利亚被"圣战者"扣押的约50名武装分子。此举被沙特等阿拉伯国家视为直接向极端分子和恐怖势力提供支援。5月23日，卡塔尔国家通讯社在网站播放了据称是卡塔尔埃米尔塔米姆的讲话，该讲话严厉批评美国和沙特，明确支持巴勒斯坦伊斯兰抵抗运动（哈马斯），并谴责对卡塔尔支持恐怖组织的有关指控。其社交媒体账号发文要求卡塔尔召回驻沙特等国大使，同时驱逐这些国家的驻卡塔尔大使。卡塔尔事后立即表示，卡塔尔国家通讯社网站及社交账号遭到了黑客袭击。6月5日，沙特等阿拉伯国家作出强烈回应：宣布与卡塔尔断交、限令卡塔尔外交官两天内离境、禁止卡塔尔公民进入沙特。随后，也门等阿拉伯国家也指责卡塔尔支持恐怖主义活动并破坏地区安全局势，并宣布同卡塔尔断交。

在前后半个月左右的时间内，关系原本正常的国家之间迅速断绝正式外交关系，其时间之短令人震惊。海湾国家之间出现矛盾甚至产生冲突并不是第一次，但地区大国沙特突然率领众多国家与卡塔尔断交，同时驱逐卡塔尔外交人员，封闭与卡塔尔的海陆空联络，不仅在阿拉伯世界不多见，而且在世界外交史上也属罕见。

三、反复无常型国家双边关系剧变

就变化方向而言，双边关系除了上升和下降这两种情形外，还有第三种，即反复无常。国家之间的关系以国家利益为基础上升或下降，如同商品的价格以价值为基础上下波动，因此，双边关系的上升、下降以及反复无常都是正常情况，但本部分所列举的相关案例，同样需要满足双边关系剧变的两个条件：一是质变；二是变化发生在短期内，即不超过两年半。俄罗斯与乌克兰关系虽然在时间跨度上前后长达二十多年，但由于其多次反复质变的时间都在两年半以内，因此，我们也把它归属于双边关系反复无常剧变这一类型。根据双边关系剧变程度，同样可以把反复无常型的双边关系剧变分为跨越型和逐级型。

（一）反复无常型之一——跨越型反复无常

七年战争中普俄关系的戏剧性变化。在历经八年之久的奥地利王位继承战后而签订的《亚琛和约》，虽然给欧洲带来了短暂的八年和平，但并没有真正消除欧洲各国之间的旧有矛盾，其间又有新矛盾产生。英法两国在海外贸易及海外殖民地方面的矛盾日益深化；奥地利一心想收复在继承战中被普鲁士夺去的西里西亚，普鲁士则企图彻底打败奥地利、独霸德意志；俄国担心日益向东扩张的普鲁士将威胁本国安全。最终，欧洲各主要国家在七年战争中形成了英普同盟和法奥俄同盟。

七年战争主要有两大战场：欧洲大陆、英国海外殖民地。普鲁士与俄国同在欧洲大陆战场。

1756年5月18日，英国正式对法国宣战，海外殖民地战场的战争正式爆发；同年8月29日，普鲁士对萨克森不宣而战，七年战争在欧洲大陆正式爆发。在欧洲大陆战场初期，普鲁士屡战屡胜。俄国自从奥地利王位继承战后，就把不断强大的普鲁士视为本国威胁，而七年战争爆发后面对普鲁士取得势如破竹的胜利，俄国感到安全威胁加重。1756年最后一天，出于对付共同敌人的需要，俄国加入法奥防御同盟；次年2月，俄奥签订《彼得堡同盟条约》，进一步合作以对抗普鲁士。虽然普鲁士凭借腓特烈杰出的军事才能，多次取得重大胜利，但由于盟友英国对普鲁士的支持不够，1761年底，普鲁士不得不面对寡不敌众并最终大败的困境。腓特烈甚至做好了后事安排，准备自杀。

七年战争中乃至国际关系史上极富戏剧性的一幕发生了。1762年1月底，俄国女皇去世，继任者彼得三世是女皇的外甥，他一贯亲普鲁士，是普鲁士国王腓特烈二世狂热的崇拜者和追随者。他即位后不久就宣布退出战争并归还所占领的普鲁士领土，同年5月5日，俄普两国签订了同盟条约。6月10日，俄军以普军盟国身份参战，彼得三世身着普鲁士军装参战。在俄国的支援下，普鲁士迅速扭转战局。同年瑞典也退出战争。普军因此彻底收复西里西亚。

一波未平一波又起。1762年6月28日，彼得三世的政权被其妻发动政变推翻，彼得三世也于7月7日被暗杀，由叶卡捷琳娜二世继位。叶卡捷琳娜二世继位伊始，就命令俄军立即回国，虽然俄军在腓特烈的要求下三天后才撤军，普方因此而取得博克施道夫战役（爆发于同年7月21日）的胜利，但俄普两国的同盟关系名存实亡。

从1761年年底普鲁士被俄奥联军大败，到1762年5月5日两国签订同盟条约，两国在半年左右的时间内从敌人剧变为盟友。从1762年6月28日彼得三世政权被推翻到同年7月21日叶卡捷琳娜二世宣布撤回俄国军队，俄普同盟关系名存实亡，两国关系在一个月左右的时间内又从盟友剧变为伙伴或对手关系。

（二）反复无常型之二——逐级型反复无常

1. 俄乌关系的数次剧变

由于俄罗斯与乌克兰两国之间特殊的经济关系、地缘关系、历史关系和文化关系，在美国和欧盟的介入下，矛盾和冲突不断、起伏无常，是冷战结束以来最多变、最动荡、最被国际社会关注的双边关系之一。

1990年11月19日，俄乌签署《俄乌条约》，这是在苏联解体前夕俄乌两国领导人就两国关系中的主要问题达成的初步协议。乌克兰独立之初，奉行"独立""中立不结盟"的外交原则，以摆脱对俄罗斯的依赖。两国在"继承"苏联遗产问题上存在重大分歧和矛盾。面对与俄罗斯的巨大实力差距，时任乌克兰总统克拉夫丘克选择了亲西方的外交政策，旨在借西方之力弥补本国实力不足。1991年3月，克拉夫丘克总统出访美国时表示，希望西方把乌克兰看作抗衡俄罗斯的力量。1992年，在访问捷克和匈牙利时，克拉夫丘克建议中东欧国家建立一条安全带，以防范俄罗斯的可能威胁。苏联解体后，乌克兰成为独联体国家中第一个与北约建立和平伙伴关系的国家。1992年6月，乌克兰又成为独联体国家中第一个与欧盟签署伙伴关系的国家。乌克兰的上述行为损害了俄罗斯的政治利益，导致俄乌关系总体而言处于一种对抗状态。

1994年7月，库奇马当选乌克兰第二任总统，并且在1999年11月成功连任。在库奇马担任总统的十年中，乌克兰在外交上施行"东西方平衡"战略，校正了前任总统亲西方的外交政策，乌俄关系因此走向缓和。虽然在这十年间，两国关系不乏分歧、矛盾乃至对抗，但合作是主流并成持续上升之势。1997年5月30日，两国签署《俄乌友好合作和伙伴关系条约》，即著名的"大条约"，乌俄关系正式翻开新篇章。普京任总统后两国关系继续上升。2000年9月，库奇马撤换亲西方外长塔拉修克，俄乌关系进入了更加务实的阶段。2003年5月，俄乌签署《战略伙伴关系宣言》，两国关系更上一层楼。2004年新年伊始，普京就出访乌克兰时表示，希望俄乌能成为"忠实的盟友和可靠的战略伙伴"。同年，俄罗斯外长拉夫罗夫访问乌克兰时指出，乌克兰是俄罗斯今后"最亲密的合作伙伴"。[①]

库奇马并不是亲俄派，他在迅速改善与俄罗斯关系的同时，也不断发展与西方国家的关系。1997年，库奇马总统签署了《乌克兰与欧盟一体化战略》，成为第一个与欧盟签署此战略的独联体国家，该协议于1998年生效。1997年7月，乌克兰又成为独联体国家中第一个参加北约"和平伙伴关系"计划的国家。尽管如此，西方国家仍旧不满意乌克兰与西方关系发

---

① 王庆平：《俄罗斯与乌克兰关系研究》，黑龙江大学2011年博士学位论文。

展的进度。维克多·安德烈耶维奇·尤先科上任后奉行激进的亲西方政策。2005年12月,乌克兰建立"民主选择共同体",旨在建立一个从波罗的海到黑海再到里海的俄罗斯包围圈;加快融入欧盟步伐;加速国内去俄罗斯化进程,乌俄关系急剧恶化。2006年初,俄乌爆发天然气危机。次年9月,"橙派联盟"在议会选举中获胜,亲西方的季莫申科出任总理。2008年1月,乌克兰"清一色"的亲西方派政治三巨头(总统尤先科、总理季莫申科和议长亚采纽克)联名写信给北约秘书长,表示要加入"北约成员国行动计划"。2008年俄格武装冲突爆发,乌克兰公开支持格鲁吉亚。2009年,俄乌再次爆发天然气危机,俄罗斯于当年推迟派出驻乌大使。

2010年2月,亚努科维奇出任新一届乌克兰总统,他明确表示"与俄罗斯的友谊是乌克兰国家复兴的一个条件,没有俄罗斯乌克兰就没有未来"。[①] 亚努科维奇着力调整对俄政策。2010年3月5日,亚努科维奇总统访问莫斯科,与总统梅德韦杰夫会谈并签署一系列合作文件;同年4月21日,梅德韦杰夫对乌进行工作访问并与亚努科维奇签署"天然气换基地"协议;5月17—18日,梅德韦杰夫对乌为期两天的正式访问取得丰硕成果。此外,俄罗斯总理普京与乌克兰新任总理尼·阿扎罗夫也多次互访,细谈俄乌双边经济关系中的迫切问题。俄乌高层频繁互访顺利解决了困扰双方多年的天然气纠纷及海军基地问题,双边关系在短期内急速升温。

亚努科维奇对俄罗斯政策的调整收到奇效,两国关系迅速

---

① 黄登学:《俄罗斯与乌克兰:从"敌手"到"盟友"?》,《国际论坛》2011年第1期。

改善。亚努科维奇奉行的并不是亲俄政策，而是平衡战略，其试图同时发展与俄罗斯和西方的关系，但国内的分裂及俄罗斯与西方的对立导致其平衡战略失败，并最终引发了乌克兰危机。乌克兰危机的直接原因是2013年乌克兰抛弃了"东西方平衡"战略，先是与欧盟接近，选择与欧盟签署联系国协定，准备与欧盟进行实质性的战略合作。但是，在国内外压力下乌克兰又"暂时停止"与欧盟签署联系国协定。乌克兰外交政策在短期内大幅度摇摆，严重动摇了自身的战略地位并造成了国内政治和社会的高度分裂。2013年11月，乌克兰政府提出暂停乌克兰与欧盟一体化计划，引发乌克兰国内亲欧势力的不满，抗议活动持续发生。此后的总统大选又引发新的暴力事件和武力冲突。2014年3月18日，俄罗斯与克里米亚及塞瓦斯托波尔代表签署条约，允许克里米亚和塞瓦斯托波尔以联邦主体身份加入俄罗斯联邦。克里米亚"脱乌入俄"的行为遭到乌克兰的强烈反对，俄罗斯被视为侵略者，俄乌关系再次恶化。

俄罗斯与乌克兰的关系，在不到三十年的时间里，多次急剧变化，1994年、2004年、2010年、2014年是俄罗斯与乌克兰独立以来双边关系剧变的重要时间节点。

2. 俄罗斯与土耳其关系的两次剧变

1991年苏联解体后，作为苏联最主要继承者的俄罗斯，与土耳其不再是领土接壤的国家，两国在地缘政治上对对方构成的威胁迅速减少。俄罗斯与土耳其的关系开始升温。虽然在2002年埃尔多安上台之前的8年时间里，俄土两国在欧盟和北约东扩、泛突厥主义、亚美尼亚问题、库尔德问题、科索沃问题、车臣问题等一系列重要的政治问题上存在严重分歧，但两国关系仍然取得一定进展。在普京和埃尔多安两位具有强烈民族主义情绪的政治强人之共同努力下，俄土关系最终发展为战略伙伴关系。从2002年到2015年，两国高层往来频繁，在政治上呈现出合作领域多元化、合作层级高端化和机制化的特点，[①] 两国在经济上的相互依赖程度不断加深，在大型合作领域不断取得新突破。2014年，俄土双边贸易总额为312亿美元，而美土贸易额在2015年只有174亿美元。2014年，土耳其天然气总需求的60%进口自俄罗斯，成为俄罗斯天然气的第二大买家，仅次于德国。虽然在这段时期内，两国关系仍然存在分歧与矛盾，但总体而言处于伙伴关系的友好状态。

叙利亚对俄、土均具重要战略价值，但两国在叙利亚危机上的立场完全对立。2015年9月，俄罗斯军队直接介入叙利亚战争引发土耳其强烈反应。同年11月24日，土耳其在土叙边境上空击落一架俄罗斯战机。俄罗斯随即采取一系列外交行动以示反击：2015年11月28日，普京签署了关于确保国家安全和对土耳其采取制裁措施的总统令；2015年11月30日，俄罗斯又进一步宣布禁止从土耳其进口水果和蔬菜。普京还责令从2016年1月1日起暂停与土耳其的互免签制度，除外交人员和家属以及具有临时居住证的人以外，土耳其公民暂时不得入境俄罗斯。面对俄罗斯紧锣密鼓的制裁措施，土耳其没有屈服，而是依然坚持强硬态度，且没有就此事道歉。俄土之间的剑拔弩张引发了70年来俄（苏）土之间最严重的外交危机。

当时，俄罗斯各界普遍认为，两国关系在可预见的未来难有改善的可能，甚至认为两国关系会进一步恶化。俄罗斯国家

---

① 唐志超：《俄罗斯与土耳其关系的内在逻辑与发展趋势》，《西亚非洲》2017年第2期。

杜马国际事务委员会主席阿列克谢·普什科夫指出："如果安卡拉认为我们很快会忘了这一切，就是大错特错了。俄罗斯对土耳其的态度将急转直下，且这将持续很长一段时间。"在可预见的未来，两国关系紧张程度甚至可能升级。① 然而，风云变幻的国际舞台令人难以捉摸。2016年7月15日，土耳其发生一起针对总统埃尔多安的未遂军事政变。经调查后发现，此次政变与流亡美国的土耳其宗教人物居伦有关。埃尔多安曾多次要求美国引渡居伦，但美国屡次拒绝，而在埃尔多安坚持的修宪公投问题上，欧盟坚决反对。埃尔多安认为美国和欧盟是未遂军事政变的主谋。与此截然不同的是，俄方在得到消息后及时通告土耳其，埃尔多安因此逃过此劫。2016年8月9日，埃尔多安飞抵圣彼得堡同普京会晤，在长达4个多小时的会谈后，埃尔多安表示土俄友谊已经恢复，此后，俄土关系进一步发展，比两国在叙利亚争执发生前还更加密切。② 2016年12月19日晚，土耳其发生俄罗斯大使被刺杀的重大外交事件。为防止该事件破坏俄土关系，土耳其外长于次日前往莫斯科向俄罗斯解释。当天，俄罗斯、土耳其和伊朗三国外长会议在莫斯科如期举行。埃尔多安总统在三国外长会议协议达成后次日，公开指责以美国为首的北约打击"伊斯兰国"不力，并声称有明确证据表明美国支持"伊斯兰国"等恐怖组织。这表明，2016年土耳其政变未遂以来形成的俄土良性互动并未因俄罗斯大使被刺杀事件而打断。埃尔多安甚至提出，俄伊土三国要进行更多合作，如建立"安卡拉-德黑兰-莫斯科三方联盟"。

---

① 孙长栋：《俄土关系或将长期陷入对峙状态》，《文汇报》2015年11月30日第4版。
② 《俄土关系按动"重启"键》，《人民日报》2016年8月11日第21版。

从 2015 年 9 月俄罗斯军事介入叙利亚战争，到 11 月 24 日土耳其击落俄罗斯战机，在不到三个月的时间里，两国从伙伴关系恶化为对手关系。2016 年 7 月 15 日，土耳其发生未遂军事政变，8 月 9 日，埃尔多安与普京在圣彼得堡会晤，埃尔多安声称土俄友谊已经恢复，在不到一个月的时间里，两国从对手关系迅速改善为伙伴关系。从 2015 年 9 月至 2016 年 8 月，在一年左右的时间里，俄土关系经历了如此反复。"仅仅在几个月前，俄罗斯、伊朗与土耳其还在叙利亚等问题上势不两立，如今却谈论三方联盟话题，这也让外界有些惊讶。"[1]

四、本章小结

在第一章界定了国家双边关系剧变这一概念的基础上，本章主要梳理相关案例。国家双边关系剧变虽然不是两国关系的常态，但通过梳理近代以来的国际关系史发现，这种现象仍然存在。

本书一共梳理了近代以来国际关系史（1648 年以来）中的 20 个案例（详见表 2-6）。为了确保本书所选案例属于剧变，这些案例通常至少具备下述两个特点中的一个：第一，性质变化明显。双边关系性质的变化不是逐级型的而是跨越型的，即双边关系性质的变化跳过其中一个或两个等级。第二，变化时间较短。除反复无常型剧变中极其复杂的俄乌关系外，

---

[1] 贾利：《大使遇刺，俄土关系"不降反升"》，《中国国防报》2016 年 12 月 23 日第 24 版。

其他逐级型剧变的过程都短于半年。跨越型剧变虽然在时间上相对较长，最长达两年半，但它们在质变上极其剧烈；逐级型剧变虽然在性质的变化上相对较弱，但在时间上同样很短，最长只有半年，最短则只有数天。

在20个案例中，剧变时间短于半年（含半年）的案例多达8个，占比40%；长于一年半（含一年半）的案例8个，占比40%，半年到一年半的案例4个，占比20%。

表2-3 双边关系剧变时间详情表

剧变时间	短于半年	一年半至两年半	半年至一年半
案例数量	8	8	4
案例占比	40%	40%	20%

在20个案例中，迅速改善型案例有8个，占比40%；急剧恶化型案例有9个，占比45%；而反复无常型案例则有3个，占比15%。

表2-4 双边关系剧变程度详情表（一）

剧变程度	迅速改善型	急剧恶化型	反复无常型
案例数量	8	9	3
案例占比	40%	45%	15%

在20个案例中，跨越型剧变案例有15个，占比75%；逐级型剧变案例5个，占比25%。其中，极端跨越型，即从敌人跨越至盟友（包括准盟友或实质盟友）或者从盟友（包括准盟友或实质盟友）跨越至敌人的案例共有14个，占比70%。

表 2-5　双边关系剧变程度详情表（二）

剧变程度	跨越型剧变	逐级型剧变
案例数量	15	5
案例占比	75%	25%

另外，非常有必要指出的是，在 5 个逐级型剧变案例中，除俄乌关系、尼泊尔与印度关系外，其他案例剧变时间均不超过半年，其中，最短的只有数天。

表 2-6　国际关系史上的双边关系剧变

剧变类型	变化方向和幅度	案例	事件标准	时间标准
迅速改善型（8）	跨越型改善（7）	遗产战争中英荷从敌人跨越至盟友	英国战败后被迫于 1667 年 7 月与荷兰签订《布雷达和约》；1668 年 1 月，荷兰与英国、瑞典结盟	半年
		法荷战争前英法从敌人跨越至盟友	1668 年 5 月，在英国等国家的压力下，法国被迫接受《亚琛和约》；1670 年 6 月，两国在多佛秘密结盟	两年零一个月
		拿破仑战争时期法俄从敌人跨越至盟友	1807 年 6 月中旬法军大败俄军；同年 7 月两国签订《提尔西特和约》，当天又签订攻守同盟条约	不到一个月
		日俄战争后两国从敌人跨越至准盟友	从 1905 年 9 月 5 日，俄战败后被迫与日本签订《朴茨茅斯和约》；1907 年 7 月 30 日签署日俄协约	两年

续表

剧变类型	变化方向和幅度	案例	事件标准	时间标准
迅速改善型（8）	跨越型改善（7）	苏德战争爆发后苏英从对手跨越至盟友	1940年5月丘吉尔上台后调整对苏政策；1942年10月初英国与苏联结成战时同盟	一年半
		苏德战争爆发后美苏从对手跨越至盟友	1939年12月2日，罗斯福宣布美国将对苏联实施"道义禁运"；1941年10月1日，苏、美、英三国签订《对俄供应第一号议定书》	一年半
		第四次中东战争后埃以从敌人跨越至伙伴	1977年11月19日，埃及总统萨达特突然访问耶路撒冷；1979年3月26日，埃以签署和平条约	一年半
	逐级型改善（1）	德乌帕当选后尼泊尔与印度关系迅速升温	2020年6月15日两国军队突然交火；2021年7月27日德乌帕就任尼泊尔总理	一年零一个月
急剧恶化型（9）	跨越型恶化（7）	遗产战争中法荷从盟友跨越至敌人	1666年1月荷法结盟对付英国；1668年1月荷兰与英国、瑞典结盟反对法国欧洲大陆称霸	两年
		拿破仑战争时期俄土从盟友跨越至敌人	1805年9月俄土缔结新盟约；次年12月两国宣战	一年零三个月
		拿破仑战争时期英俄从盟友跨越至敌人	1807年6月，英俄结成反法同盟；1807年11月俄国向英国宣战	五个月

续表

剧变类型	变化方向和幅度	案例	事件标准	时间标准
急剧恶化型（9）	跨越型恶化（7）	二战结束后美苏从盟友跨越至敌人	1945年8月，苏美同盟军在日本并肩作战；1946年5月底，杜鲁门主义付诸实践	一年
		伊朗伊斯兰革命后与美国从盟友跨越至敌人	1979年伊朗发生伊斯兰革命运动；1980年美伊断交	一年
		海湾战争后美国与伊拉克从准盟友跨越至敌人	1989年年初，老布什准备进一步发展美伊关系；1991年新年伊始，两国发生战争	两年
		苏联与南斯拉夫从盟友跨越至对手	1948年1月，苏南保持联盟关系；同年7月前后，南斯拉夫与苏联和东欧国家断绝了外交关系	半年
	逐级型恶化（2）	卡塞姆军事政变后美国与伊拉克从盟友恶化为伙伴	1958年7月14日，卡塞姆发动军事政变；数天后，其宣布退出巴格达条约组织，不再维持与美国的盟友关系	半个月内
		卡塔尔断交风波（从伙伴恶化为对手）	2017年5月23日，卡塔尔国家通讯社在网站播放了据称是卡塔尔埃米尔塔米姆的讲话，称支持伊朗和巴勒斯坦伊斯兰抵抗运动（哈马斯），批评美国和沙特；6月5日，巴林、沙特等国分别宣布与卡塔尔断交	半个月

续表

剧变类型	变化方向和幅度	案例	事件标准	时间标准
反复无常型（3）	跨越型反复（1）	七年战争中普俄关系的戏剧性变化	1761年年底普鲁士被俄奥联军大败；1762年5月5日两国签订同盟条约，1762年6月28日彼得三世政权被推翻，不再维持与普鲁士盟友关系	半年；一个月
	逐级型反复（2）	俄乌关系数次剧变	总统大选后乌克兰对俄政策的调整	两年
		俄罗斯与土耳其关系的两次剧变	2015年11月24日，土耳其击落俄罗斯战机，11月28日普京签署对土制裁总统令；2016年7月15日，土耳其发生未遂军事政变，8月9日，埃尔多安与普京在圣彼得堡会晤，埃尔多安声称土俄友谊已经恢复	半个月；半年

第 三 章

国家双边关系剧变原因探析

在界定剧变这一关键概念的基础上，本书梳理了近代以来国际社会中较有代表性的国家双边关系剧变的案例。虽然相关案例在本书中具有举足轻重的地位，但本书的主旨并不是要还原近代以来国际社会中出现的国家双边关系剧变的历史原貌，而是要找出诱发国家双边关系剧变的因素，并在此基础上归纳和总结出一些具有一定普遍性或规律性的因素。从既有研究成果来看，在发展趋势上，演绎法越来越成为国际关系理论研究的主要方法，而归纳法由于其科学性上的相对不足，日渐被国际关系学界的主流理论所轻视乃至忽视。在社会科学中，很多结论是在一定经验观察的基础上演绎推理出来的，换言之，归纳法是演绎法的基础。

解剖麻雀法，即通过研究某一个或几个较有代表性的经典案例，得出某些结论。这一方法便捷、合理和科学，在社会科学研究中较为盛行。然而，在社会科学中，尤其是在国际关系学中，只解剖一只麻雀，就只分析一个经典案例，代表性与说服力均不足。对于社会科学中的某一个经典案例，我们难以确定其代表性，因为社会科学中的经典案例，并不像现实生活中的麻雀那样容易找到，即使找到，也很难确定这只麻雀是否健康、是否肢体健全。而解剖一批麻雀，然后在此基础上归纳、总结出某些共性或结论，其代表性、合理性和科学性会有所提升，其结论将更具说服力。在国际关系中，《大国的兴衰：1500—2000年的经济变迁与军事冲突》《世界政治中的战争与变革》《大外交》等著作主要采用了归纳法，这些经典著作解剖的也是一批而不是一只麻雀。

一、对国家双边关系剧变诱发因素的归纳与分析

诱发国家双边关系剧变的因素有哪些？如何总结这些诱发因素？这些不同诱发因素在剧变中发挥了什么作用？这是本节要回答的几个主要问题。

（一）对国家双边关系剧变诱发因素的归纳

所谓归纳，指归拢一类现象并使之有条理，即从一系列具体事实或现象中概括出一般原理，是一种常见的推理方法。[1] 显然，我们在这里要归纳的是诱发国家双边关系剧变的因素。这些诱发因素在国际社会中极为常见，但需要进行一定的解释或说明，使之在本书比较特殊的语境中意思更加

---

[1] 阎学通、孙学峰：《国际关系研究实用方法》，人民出版社2007年版，第111—113页。

明确。

1. 争夺霸权（领导权）

霸权本义是指国家统治者或领导人，现在则主要表示国与国之间的政治统治关系，与中国古代政治中"霸"这一概念的内涵相近，指通过实力迫使他国臣服或就范,[1] 也指领导权、影响力。在国际社会中，每个国家都追求本国在某个地区、在某些问题领域中的领导权，小国和弱国虽然能赢得良好的国家形象和国际声誉，但很难获得实质性的地区或世界霸权（领导权）。因此，在国际社会中，霸权（领导权）一般属于地区大国或主要大国的"特殊权力"，对于这些国家而言，提高或巩固霸权是国家的重大利益。

本书案例中，直接或间接与争夺霸权相关的案例有 14 个。一方面，大国间争夺霸权会引发对抗或冲突；另一方面，大国为了实现霸权又不得不与某些国家合作或结盟，换言之，争夺霸权或领导权既可能诱发双边关系迅速改善，也可能导致国家双边关系急剧恶化。争夺霸权导致双边关系剧变，既表现为主要大国间双边关系的剧变，也表现为其他国家间的关系因为大国争夺霸权而发生剧变。

2. 安全威胁

国家安全作为一个综合而完整的国际关系概念，是二战结束前后的事。[2] 此后，国家安全这一概念的外延不断丰富和发展，内涵相对简单、外延极其广泛成为其特点之一。[3] 传统的

---

[1] 陈燕谷:《Hegemony（霸权/领导权）》,《读书》1995 年第 2 期。
[2] 吴庆荣:《法律上国家安全概念探析》,《中国法学》2006 年第 4 期。
[3] Romm, "National Security: Non-military," Council on Foreign Relations Press, 1993.

国家安全主要是指政治安全和军事安全,①经济安全、文化安全、意识形态安全、社会安全、网络安全等成为新时期国家安全的重要内容。②尽管国家安全的外延（指涉范围）与时俱进，但军事安全仍然是国家安全中的核心内容，这一点目前尚未发生根本性变化，此其一。本书的研究对象是近代以来国际关系史上的国家双边关系剧变，而不是冷战结束后的国家双边关系剧变，如果把国家安全变化后的外延也囊括其中，会出现标准不统一的问题，此其二。基于这两点，本书的国家安全，除特别指出外，主要指国家军事安全。

国家安全自国家诞生后就存在，是古今中外所有国家的核心利益，因此，国家安全是引发国家双边关系剧变的重要因素之一。在本书中，因安全威胁诱发的案例共10个。安全威胁至少在三个方面诱发国家双边关系剧变：第一，当一个国家威胁他国安全时，双边关系极易出现急剧恶化；第二，当某个国家或国家联盟的行动威胁到某两个国家的安全时，即使这两个国家之间有较深的历史恩怨或较激烈的利益冲突，它们通常会从各自新的利益格局出发，暂时放下历史恩怨，通过结盟、支持第三国等合作方式对付共同敌人，双边关系因此迅速改善；第三，当威胁两国核心利益的共同敌人消失时，由于合作基础消失，双边关系有可能出现变化。如果两个国家在共同威胁出现之前没有重大利益冲突，共同敌人消失之后双边关系可能会缓慢倒退，也有可能由于在合作中建立了较高的政治互信，友好关系得以保持。如果两个国家在合作之前存在较重大利益冲

---

① 马维野：《国家安全·国家利益·新国家安全观》，《当代世界与社会主义》2001年第6期。

② 马振超：《国家安全观念的内涵分析》，《公安大学学报》2000年第6期。

突，如争夺霸权、领土争端、意识形态对立、历史恩怨等，一旦共同威胁消除，双边关系出现剧变的可能性极大。

3. 领土争端

就物理性质而言，领土是指地球表面的物理空间；就政治意义而言，领土则指国家管辖的土地。① 狭义上的领土是指国家所管辖的领陆，而广义上的领土则还包括领海和领空。领土既是国民生活的必要空间，也是众多自然资源的重要来源，因此，领土是国家构成的必要要素之一，也是国家的核心利益之一。现代国家产生以来，领土问题成为影响国家间关系的重要因素之一。领土既攸关国家生死存亡，也关系国家的兴衰。不论是领土扩大，还是领土侵略或领土争端，既可能导致国家双边关系急剧恶化，也可能诱发国家双边关系迅速改善。就急剧恶化而言，领土问题对双边关系的影响可分为领土危机、领土争端和领土战争三个等级。② 无论是哪个等级，都会导致国家双边关系的急剧恶化。

本书有 6 个案例与领土相关。领土争端或领土侵略容易引发军事冲突或战争。同时，领土也可能间接促进国家间双边关系的迅速改善。某些在领土争端中处于被动的国家，通常会借助他国力量。此外，有些大国为了在与其他大国的争霸中获得优势，会以领土、殖民地等利益为交换条件，诱使其他国家支持本国。拿破仑战争时期，法国两次以领土或殖民地为交换，先后诱发俄国和土耳其与盟国关系破裂后转而支持法国。

---

① 周光辉、李虎：《领土认同：国家认同的基础——构建一种更完备的国家认同理论》，《中国社会科学》2016 年第 7 期。
② 吴志成、陈一一：《国家间领土争端缘何易于复发》，《世界经济与政治》2015 年第 2 期。

4. 战略要地争夺

"地缘政治是政治行为体通过对地理环境的控制和利用，来实现以权力、利益、安全为核心的特定权利，并借助地理环境展开相互竞争的过程及其形成的空间关系。"[①] 战略要地是地缘政治学的核心内容。虽然马汉创立的"海权论"、麦金德建立的"陆权论"、斯皮克曼提出的"边缘地带论"以及杜黑创建的"空权论"对于具体指涉的战略要地有所区别，但他们一致认为某些特殊的地区或国家之地理位置会对世界政治产生重要影响。战略要地既是战争时期国家获得战争胜利的重要因素，也是和平时期国家保障战略安全、巩固大国地位不可或缺的因素，战略要地是国家间争夺的重要资源之一。

在本书中，5个案例与战略要地相关。国家间因争夺战略要地而引发双边关系剧变，主要表现在三个层面：一是大国之间为了争夺战略要地而引发大国关系剧变。拿破仑战争时期俄国与英国关系剧变，重要原因之一是英俄长期在争夺战略要地——土耳其上有巨大冲突。二是地区国家之间为了争夺该地区的战略要地导致该地区的国家间关系发生剧变。三是大国层面和地区层面的交叉或交错。美国发动海湾战争的原因之一，是包括科威特在内的中东地区对于美国维护其全球霸权具有重要意义。

5. 国家主权维护

主权是国家独立处理对内和对外事务的权利，包括管辖权、独立权、自卫权、平等权，表现为对内的最高权、对外的

[①] 陆俊元：《论地缘政治的本质》，《国际关系学院学报》2006年第4期。

独立权和防止侵略的自卫权。① 在规范层面，每个国家都享有对内最高管辖权、对外独立权、自卫权。在理论上，不论国家力量大小，每个国家都享有同等权利，但在现实中，即在操作层面，每个国家在最高管辖权、对外独立权、自卫权等方面的实现程度和拥有程度存在较大区别。在国际关系史上，存在极少数为了本国的经济发展或国家领土安全或其他目的，选择让出部分国家主权的现象，如冷战时期伊朗的巴列维政权。但通常而言，国家主权是国家的核心利益，绝大多数国家会全力维护国家主权。

本书有 4 个案例与国家主权相关。当一国直接或间接触犯他国主权时，双边关系极易发生剧变，当国家在具有强烈民族主义色彩的政治强人领导下时尤其如此。伊朗伊斯兰革命后美伊关系恶化，其本质问题是美国干涉伊朗内政。也有国家为了维护本国主权而迅速改善与他国关系的案例。2015 年 9 月，土俄关系因土方击落俄方战机而急剧恶化，2016 年，土耳其因美国间接参与土耳其未遂军事政变而迅速改善与俄罗斯的关系。

6. 转移国内矛盾

民众支持对于政府或政权的重要性不言而喻。不论什么性质的政府或政权，减少国内矛盾、赢得民众支持是它们执政期间追求的重要目标之一。当国内矛盾通过对内政策无法得到有效缓解时，对外采取强硬政策，在有争议的领土问题上宣示主权，参加战争或发动战争等行为是国家转移国内矛盾、维护政治稳定的常见举措。

在国际社会中，国家为转移国内矛盾而引发国家双边关系

---

① 杨成：《利益边疆：国家主权的发展性内涵》，《现代国际关系》2003 年第 11 期。

剧变的现象时有发生，本书案例中，有4个与转移国内矛盾相关。转移国内矛盾既可能诱发双边关系迅速改善也可能导致双边关系急剧恶化。遗产战争后，英国为转移国内矛盾，与法国秘密结盟而对荷兰发动战争。第四次中东战争后，埃及国内经济困难、社会矛盾尖锐，最终决定改善与以色列关系以缓解国内危机。

7. 经济困难

经济利益是国家的基本需要之一。国家经济发展困难重重、民不聊生，国家生存和发展将面临重大问题。经济利益是最经常性的国家利益，当国家安全有了基本保障后，它就成为国家追求的最主要利益，通常是一个国家的根本利益或最终利益。[①] 冷战结束后，经济发展成为绝大多数国家的中心工作，发展成为时代主题之一，而经济实力成为国家实力中最重要的组成部分。

经济困难是诱发国家双边关系剧变的重要因素，因经济困难诱发的案例有4个。经济困难可从以下三个方面诱发双边关系剧变：第一，经济困难严重到一定程度，可能会导致国内动荡进而引发政权变更，政权变更有时会引发国家双边关系剧变。国内经济困难重重、民不聊生是1979年伊朗伊斯兰革命爆发的重要原因。第二，面对重大经济困难的交战国被迫停止战争。第四次中东战争后埃及主动改善与以色列的关系，国内经济困难是重要原因。第三，为了改善本国经济状况，经济困难的国家通常会在向友好国家（尤其是盟友）求助无效后，向交战国求和，甚至与交战国结盟。拿破仑战争时期俄国与法国

---

① 阎学通：《中国国家利益分析》，天津人民出版社1996年版，第23页。

迅速结为盟友，原因之一是经济困难的俄国向当时还是盟友的英国求助，英国并没有及时提供实质性帮助，在法国提出条件后，俄国与法国结盟。

8. 贸易竞争

重商主义是其主要代表人物在向国家经济发展建言献策时提出来的，并没有进行系统阐述，但其核心思想显而易见——增加国内货币贮存，视货币为国家富强的主要标志，而对外贸易则是国家获取财富的最重要途径。[①] 20 世纪 80 年代以来，在贸易逆差持续膨胀的大背景下，美国提出了所谓的"新重商主义"，主张经济上政府干预贸易以有效减少贸易逆差，政治上以贸易逆差和贸易政策为武器，打压贸易对手的经济增长。[②] 不论是传统重商主义还是新重商主义，贸易竞争都是重要内容。

贸易竞争有时候也会引发国家间关系剧变，本书有 4 个案例与贸易竞争相关。在近代国际关系史上，英国与荷兰、法国与荷兰以及英国与法国等主要大国在贸易领域既有竞争也有合作，当贸易竞争大于贸易合作且贸易内容涉及重大经济利益时，贸易竞争可能引发战争，如英国与荷兰之间的争霸既是霸权之争，也是海外市场之争，法国与荷兰在大陆之间的贸易竞争同样如此。在均势的作用下，当其中两个大国因贸易竞争而关系急剧恶化时，可能会促进其他国家关系迅速改善。

9. 意识形态

意识形态的内涵极其庞杂，是社会科学中最复杂的概念之一。本书所谓意识形态，主要是指政治意识形态。政治意识形

[①] 李增洪：《"重商主义"刍议》，《齐鲁学刊》1990 年第 6 期。
[②] 李石凯：《当代美国"新重商主义"述评》，《亚太经济》2006 年第 5 期。

态既可指某一政党的指导思想，也可指一个国家的发展道路，即国家政治制度；还可以指一个国家的基本政治价值观念。[①]

意识形态是诱发国家双边关系剧变的重要因素之一，本书案例中，有5个与意识形态相关。意识形态相互对立的国家之间，尤其是大国和邻国之间，更有可能出现关系急剧恶化。二战结束后，意识形态因素加剧了美英两国与苏联关系的急剧恶化。与此同时，意识形态有时候会成为同一阵营中大国干涉他国内政、实现自身国家利益的工具或手段。

10. 他国失信

他国失信是指国家不遵守国际法或国际道义，不履行条约中规定的责任或义务。近代以来的国际社会，其本质上是一个契约社会，不论是国家主权还是其他国际行为规范，都是通过以《威斯特伐利亚和约》为代表的、具有国际法意义的契约规定的。国家履行条约、讲信用是国家间交往的基本要求之一。当其中一国为了本国利益不履行相关条约、失信于他国时，既可能损害他国利益，也可能使他国不再信任该国，最终影响国家间关系。

他国失信是诱发国家间关系剧变的因素之一，本书有6个案例与他国失信相关。当盟友之间在战争时期失信时，极有可能诱发双边关系剧变。拿破仑战争时期，英国未履行盟友义务，失信于俄国，最终导致英俄同盟关系破裂、法俄结成同盟。他国失信有时会成为国家发展战争的借口，法国以荷兰在西班牙王位继承战中失信为由，与英国结盟后发动法荷战争。

[①] 张保权：《当代中国意识形态与政治发展互动关系探微》，《中国特色社会主义研究》2011年第3期。

11. 他国施压

在国际社会中，各国因实力不同而形成实力差距。这种实力差距是大国权力和影响力的来源。大国通常会利用本国的权力或影响力优势以实现本国国家利益，而小国或弱国在大国的压力下，通常会"两害相权取其轻"，即为了不使本国遭受更大损失而选择屈从于大国。

他国施压是导致国家双边关系剧变的因素之一。本书与他国施压相关的案例共3个。施压的国家既可能是敌人，也可能是盟友。在第二次英荷战争中，英国战败于荷兰，在荷兰的压力下，英国被迫与荷兰结盟共同反对在遗产战争中企图称霸欧洲大陆的法国。第四次中东战争后，以色列在美国压力下被迫与埃及进行谈判并签署了和平条约，使埃以两国从敌人变为伙伴。

12. 利益诱饵

国家在博弈的过程中，为了得到某国或某些国家的支持，或为了离间对手、分裂对手阵营，向一些国家提供利益诱饵以达到目的。利益诱饵的内容极其丰富，既包括经济援助，也包括政治承认、提供安全保障以及让渡领土、殖民地、战略要地等。总体而言，大国使用这种手段更为常见，小国相对较少。

本书有5个案例与利益诱饵相关。国家提供利益诱饵的目的之一就是要离间对手，一旦成功，对方阵营就会分裂或与该国改善关系。拿破仑战争时期，法俄关系迅速改善、英俄关系以及俄土关系急剧恶化，与拿破仑向俄国和土耳其提供利益诱饵不无关系，而俄乌关系反复无常，也与以美国为首的西方国家向乌克兰提供利益诱饵有一定关系。

13. 国家领导人认知

《现代汉语词典》对认知的解释是"通过思维活动认识、了解"。[①] 人、国家和国际格局（国际体系）是观察和认识国际关系的三个不同层次。国家领导人的认知属于国家这个层次。这里主要是指国家领导人对国家利益的重要性和紧迫性、实现国家利益的战略、实现国家利益的手段和方式的认知。在国际社会中，国家之间的利益是相互影响、相互制约的，因此，国家领导人对本国国家利益的认知必然会影响国家间关系。

国家领导人认知是引发国家双边关系剧变的重要因素，本书有6个案例与国家领导人认知相关。国家领导人认知对双边关系剧变的影响主要表现在以下几个方面：首先，国家领导人对某些国家的特殊感情会影响双边关系。如，一贯亲普鲁士的俄国沙皇彼得三世即位后，俄普关系迅速改善。其次，国家领导人对国家利益重要性或紧迫性认知的变化可能导致国家双边关系剧变。再次，国家领导人对国家利益实现手段或途径认知上的变化也有可能引起双边关系剧变。这里所谓的实现国家利益的手段或途径，是指通过发展与不同国家的不同关系来实现本国国家利益。

上述诱发双边关系剧变的13个因素，既可能诱发双边关系迅速改善，也可能导致双边关系急剧恶化。因此，本章并没有在第二章的基础上，分别分析诱发双边关系迅速改善与急剧恶化的因素，而是把它们纳入双边关系剧变这个更大的范畴内进行统一分析。

[①] 《现代汉语词典（第6版）》，商务印书馆2012年版，第1096页。

在梳理和分析案例的过程中，笔者还发现有些双边关系的迅速改善伴随着另一对双边关系的急剧恶化，或相反，一对双边关系的急剧恶化伴随着另一对双边关系的迅速改善。例如，在遗产战争中，荷英关系的迅速改善与荷法关系的急剧恶化几乎同时发生；而此后英法结盟对付荷兰时英荷同盟破裂。再比如，拿破仑战争时期，法俄关系的迅速改善与英俄关系的急剧恶化基本同时发生。在国际关系史上，这样的现象时有发生，因此，有学者提出了国际关系中的"（大）三角"关系，但正如在绪论中所指出的那样，三角关系的基础是双边关系，因此，本章把一些三角关系分解为两对双边关系分别进行分析，但在归纳诱发因素时，则不可避免要纳入第三国因素。

不同案例的诱发因素请参见表3-1。表3-1表明，绝大多数国家双边关系剧变是由多个因素引发的。不同因素在国家双边关系剧变中所起作用不同，出现频率也不同，具体情况参见表3-2。争夺霸权、安全威胁、国家领导人认知、国家主权维护、意识形态是出现频率最高的五个诱发因素。

表3-1 国家双边关系剧变案例及其诱发因素

案例	诱发因素
遗产战争中英荷从敌人跨越至盟友	霸权争夺、他国施压、贸易竞争、安全威胁
法荷战争前英法从敌人跨越至盟友	霸权争夺、转移国内矛盾、经济困难、领土争端、贸易竞争、利益诱饵、他国失信
拿破仑战争时期法俄从敌人跨越至盟友	霸权争夺、经济困难、安全威胁、利益诱饵、他国失信、他国施压
日俄战争后两国从敌人跨越至准盟友	霸权争夺、贸易竞争
苏德战争爆发后苏英从对手跨越至盟友	安全威胁、国家领导人认知

续表

案例	诱发因素
苏德战争爆发后美苏从对手跨越至盟友	安全威胁、争夺霸权
第四次中东战争后埃以从敌人跨越至伙伴	经济困难、转移国内矛盾、他国施压（争夺霸权）
德乌帕当选后尼泊尔与印度关系迅速升温	领土争端、国家领导人认知
遗产战争中法荷从盟友跨越至敌人	争夺霸权、他国失信、贸易竞争、领土争端、安全威胁
拿破仑战争时期俄土从盟友跨越至敌人	利益诱饵（争夺霸权）、他国失信、领土争端、战略要地争夺
拿破仑战争时期英俄从盟友跨越至敌人	战略要地争夺、经济困难、他国失信、利益诱饵（争夺霸权）、领土争端
二战结束后美苏从盟友跨越至敌人	争夺霸权、意识形态、安全威胁
伊朗伊斯兰革命后与美国从盟友跨越至敌人	国家领导人认知、转移国内矛盾、国家主权维护、意识形态
海湾战争后美国与伊拉克从准盟友跨越至敌人	争夺霸权、战略要地争夺、意识形态
苏联与南斯拉夫从盟友跨越至对手	争夺霸权、意识形态、国家主权维护
卡塞姆军事政变后美国与伊拉克从盟友跨越至伙伴	国家领导人认知、转移国内矛盾、国家主权维护
卡塔尔断交风波（从伙伴跨越至对手）	意识形态、安全威胁、争夺霸权、他国失信
七年战争中普俄关系的戏剧性变化	国家领导人认知、安全威胁
俄乌关系数次剧变	国家领导人认知、利益诱饵、安全威胁、领土争端、争夺霸权、战略要地争夺
俄罗斯与土耳其关系的两次剧变	战略要地争夺、国家主权维护、安全威胁

表3-2 诱发因素的出现频率

诱发因素	出现频率（次）	占比	诱发因素	出现频率（次）	占比
争夺霸权	14	60%	安全威胁	10	50%
国家领导人认知	6	30%	国家主权维护	4	20%
意识形态	5	25%	他国失信	6	30%
领土争端	6	30%	战略要地	5	25%
转移国内矛盾	4	20%	经济困难	4	20%
利益诱饵	5	25%	贸易竞争	4	20%
他国施压	3	15%			

（二）对国家双边关系剧变诱发因素的分析

前文归纳了诱发国家双边关系剧变的因素。对这些因素进行分类，并分析它们在双边关系剧变中的作用，有利于我们进一步认识双边关系剧变的原因。

1. 依据内容对诱发因素分类

认真观察13个诱发因素后发现，依据内容或性质，可以把它们划分为三个类别，分别是国家利益、认知和意识形态。

表3-3 依据内容对诱发因素分类

诱发因素	所属类别
争夺霸权、领土争端、转移国内矛盾、利益诱饵、他国施压、安全威胁、国家主权维护、他国失信、战略要地争夺、经济困难、贸易竞争	国家利益
国家领导人认知	认知
意识形态	意识形态

国家作为一种客观实体，它要长期存在就必须满足一系列条件。国家生存和发展的必要条件①就是国家利益，主要表现为好处、权利或受益点，②本质是国家维持生存和发展的基本需求或欲求。③国家只有满足了其基本需要，才能实现其再造。④国家再造所必要的条件就是国家的客观利益。不同国家的客观利益不完全相同，同一国家在不同时期的客观利益也不完全相同。尽管如此，国家的客观利益仍然具有一定的普遍性，国家若忽视这些客观利益，将无法实现其再造要求，即国家将失去其本质属性。在13个诱发因素中，安全威胁、领土争端、战略要地争夺、国家主权维护、贸易竞争、利益诱饵、争夺霸权、转移国内矛盾都属于直接的、现实的国家利益，即我们可以一目了然地判断出这些因素属于国家利益范畴。而他国失信、他国施压本质上也是国家利益。一国为了获得他国的支持，通常会向他国抛出利益诱饵。利益诱饵涉及多方面国家利益，既可以是经济利益、贸易条件、航海或航行自由等低等级国家利益，也可以是领土、殖民地、战略要地、国家安全和主权等高等级国家利益。拿破仑战争时期，法国为了使俄国加入反英同盟，答应承认俄国占领他国的领土。国家失信主要是发生在有合作关系的国家之间。国家合作，本质是国家间协调彼此利益后的书面或口头协议，当其中一国失信，即不履行协议中的相关承诺或责任时，会损害他国的国家利益。尤其是在

---

① 徐文泉：《国家利益的属性问题》，《现代国际关系》2000年第12期。
② 王逸舟：《国家利益再思考》，《中国社会科学》2002年第2期。
③ 李少军：《论国家利益》，《世界经济与政治》2003年第1期。
④ ［美］亚历山大·温特著，秦亚青译：《国际政治的社会理论》，上海人民出版社2000年版，第293页。

战争期间，盟友失信可能直接危及他国安全利益。国家之所以失信，通常也是出于国家利益考量。他国施压本质上与利益诱饵相同，同样涉及多方面国家利益的实现或损害。两者的不同之处在于，利益诱饵是一国向他国给予某种利益，而他国施压则是收回某种国家利益。不论是施压国还是受压国，使他国顺从本国或被迫顺从他国，最终也是为了维护国家利益。可见，他国失信、利益诱饵和他国施压都属于国家利益。

　　国家有客观需求并不意味着所有人对这些需求的认识相同。哪些是国家重要的需求？哪些是国家紧迫的需求？哪些是国家重要而紧迫的需要？怎样实现国家的客观需求？同一国家领导人在不同时期、不同国家领导人对国家客观需求有不同的认识和信念，在一定程度上可以称之为主观国家利益。① 一般认为，国家利益的本质是一种需求或欲求，它是客观的，因此，只存在客观利益而不存在主观利益。国家是否存在主观利益呢？即是否存在主观国家利益呢？以温特为代表的结构建构主义认为，国家利益既包括生物性、物质性的客观内容，如国家再造需要的领土、各类物质资源，也包括观念性、信念性的主观内容，但归根到底，是观念或信念建构了客观利益的社会意义。② 因此，结构建构主义认为存在主观利益，主观利益指"行为体对于怎样实现自我身份需求所实际持有的信念"。③ 很

---

① ［美］亚历山大·温特著，秦亚青译：《国际政治的社会理论》，上海人民出版社2000年版，第291页；徐文泉：《国家利益的属性问题》，《现代国际关系》2000年第12期。

② ［美］亚历山大·温特著，秦亚青译：《国际政治的社会理论》，上海人民出版社2000年版，第139—143页。

③ ［美］亚历山大·温特著，秦亚青译：《国际政治的社会理论》，上海人民出版社2000年版，第291页。

多学者支持或接纳了结构建构主义的观点,纷纷使用主观利益或国家主观利益这一概念。主观国家利益既指"在特定现实背景下,国家对其偏好的界定",也指"对实现偏好的途径选择"。[1] "文化学中把人们对怎样实现客观需求的认识称为'自我利益'或'主观'利益。""'自我利益'或'主观利益'是由文化建构的。"[2] 本书同样支持和接纳结构建构主义关于国家利益是由观念建构的观点。所有国家利益均同时具备客观性和主观性。国家利益的主观性并不是国家利益。国家领导人对国家利益的认知属于国家利益的主观性,只说明它与国家利益关系紧密,而不能说对国家利益的认知属于国家利益。

意识形态是一个连基本内涵都存在严重争议的概念,[3] 关于意识形态的定义众多,本书并不过多列举和分析。[4] 从其词义上来看,意识形态是一门关于观念的学科。意识形态是一种观念体系,一种系统化了的观念体系。它指向某种目标或理想,并试图使这些目标或理想现实化、合理化或正当化。[5] 意识形态通过表现、解释和评价现实世界的方法来形成、动员、

---

[1] 周勇:《试论观念对国家利益的影响》,《国际政治研究》2011 年第 4 期。

[2] 邢悦:《国家利益的客观性与主观性》,《世界经济与政治》2003 年第 5 期。以下内容也使用了"主观利益"或"主观国家利益"这一概念,参见王宏强:《论国家利益及其实现途径》,《国际关系学院学报》2003 年第 5 期;宋秀琚:《浅析建构主义的国际合作论》,《社会主义研究》2005 年第 5 期;姜鹏、斯捷潘尼杜什卡·波波夫:《规范变迁与身份再造:主权零死亡时代大国崛起战略之路径重构》,《当代亚太》2015 年第 1 期;刘志云:《"观念利益观"视野下的国际法》,《甘肃政法学院学报》2008 年第 5 期。

[3] [英]大卫·麦克里兰著,孔兆政、蒋龙翔译:《意识形态(第二版)》,吉林人民出版社 2005 年版,第 1 页。

[4] 《现代汉语词典》对意识形态的解释是:在一定的经济基础上形成的,人对于世界和社会有系统的看法和见解,哲学、政治、艺术、宗教、道德等是它的具体表现。意识形态是上层建筑的组成部分,在阶级社会里具有阶级性,也叫观念形态。

[5] 任晓、赵可金、成帅华:《意识形态与外交政策》,《世界经济与政治》2003 年第 2 期。

指导、组织和证明一定行为模式和方式，并否定其他的一些行为模式和方式。① 可见，意识形态的本质是观念，旨在解释世界并改造世界。

意识形态与国家利益的关系极其复杂。在澄清了意识形态本质的基础上再来分析它与国家利益的关系则相对容易。意识形态作为一种系统化的社会理想和目标，影响着国家领导人对国家利益的基本判断。另外，意识形态还是国家利益的重要组成部分。冷战时期，意识形态是美苏政治争夺的重要内容；而苏联与南斯拉夫之间在意识形态领域的分歧和斗争最终也会政治化。此外，意识形态也是某些国家实现国家利益的手段或工具。在结构建构主义看来，意识形态与国家利益之间则是建构关系，不论是从国际层面的体系结构层次来看②，还是从国内层面的单元结构来看③，作为观念或政治文化的意识形态都会建构国家利益。可将意识形态与国家利益的四种关系概括为：意识形态是国家利益的组成部分，意识形态是实现国家利益的手段或工具，意识形态作为国家的指导思想影响国家利益的基本判断，意识形态建构国家利益。就前两点来看，意识形态是国家利益客观内容，而就后两点来看，意识形态是主观国家利益，国家利益受意识形态影响。

2. 依据作用对诱发因素分类

在科学主义思潮的影响下，变量这个数学概念被广泛运用

---

① [英] 戴维·米勒、韦农·波格丹诺主编，邓正来等译：《布莱维尔政治学百科全书》，转引自：任晓、赵可金、成帅华：《意识形态与外交政策》，《世界经济与政治》2003年第2期。

② [美] 亚历山大·温特著，秦亚青译：《国际政治的社会理论》，上海人民出版社2000年版；[美] 玛莎·费丽莫著，袁正清译：《国际社会中的国家利益》，浙江人民出版社2001年版。

③ 方长平：《国家利益建构的国内层次研究》，《欧洲》2002年第3期。

于包括国际关系学在内的社会科学研究中。双边关系剧变是因变量，而本书归纳的13个诱发因素则是自变量。对于绝大多数社会科学研究而言，分析不同自变量与因变量的关系以及不同自变量之间的关系是某一研究的核心和关键。具体到本书，分析13个不同因素在双边关系剧变中的不同作用以及不同诱发因素之间的相互关系是本书的核心与关键。本书双边关系剧变的案例，都是在2个以上诱发因素的作用下才发生的，而有些双边关系剧变是在5个诱发因素的作用下发生的。这既说明双边关系剧变是多个诱发因素形成合力后的产物，也说明不同因素在这个过程中发挥了不同作用。依据不同作用，本书将这13个因素分为主要原因和次要原因两类。

双边关系剧变都是在某些事件直接作用于国家利益之后才发生的，这些影响国家利益并最终引发双边关系剧变的具体事件就是直接原因或导火索。直接原因或导火索虽然不是国家利益，但是它们直接作用于国家利益，是国家双边关系剧变必不可少的因素之一，也是国家双边关系剧变发生机制的重要组成部分。基于此，本书在依据诱发因素的作用对它们进行分类时，顺便把直接原因或导火索放在一起进行分析和阐述。

第一，直接原因或导火索。直接原因在因果关系中的作用，如同引子或导火索在鞭炮爆炸中的作用，只有点燃了它，鞭炮才可能爆炸。它直接推动某些事物（事件）的出现或促成某些变化的发生。直接原因是时间关系或逻辑关系上距离某种变化最近的因素，因此最容易被观察到，通常也被称为表面原因。

直接原因或导火索通常是具体事件。德国入侵苏联，即苏德战争爆发，是苏联与美国、苏联与英国关系迅速改善的直接原因。直接原因或导火索与国家利益紧密相关，发现直接原因或导火索有利于加深对双边关系剧变的认识。直接原因相对集中在某些特殊的时间点，第四章将深入分析这一问题。

第二，主要原因。主要原因如同鞭炮中的硝石，导火索只有触及硝石，鞭炮才会爆炸。主要原因是变化发生的最终根源，在变化发生的众多原因中起决定性作用。在13个诱发因素中，争夺霸权、领土争端、转移国内矛盾、安全威胁、国家主权维护、战略要地争夺、经济困难、贸易竞争通常是诱发双边关系剧变的主要原因。而国家领导人认知和意识形态是否是诱发国家双边关系剧变的主要原因，则要视具体情形而定。

在本书案例中，有些双边关系剧变是由某一个主要原因诱发的，有些则是多个主要原因共同诱发的。有些是以利益因素为主要原因诱发的，有些则是以国家领导人认知或意识形态为主要原因诱发的。

第三，次要原因。次要原因又称辅助原因，在双边关系剧变中只是一种催化剂，促进双边关系剧变的发生，但不会直接导致双边关系剧变。在13个诱发因素中，我们可以确定，他国施压、他国失信、利益诱饵是诱发国家双边关系剧变的辅助原因，而国家领导人认知和意识形态是主要原因还是次要原因，要视情形而定。

表3-4 依据作用对诱发因素分类

诱发因素	作用
争夺霸权、领土争端、转移国内矛盾、安全威胁、国家主权维护、战略要地争夺、经济困难、贸易竞争	主要原因
他国施压、他国失信、利益诱饵	次要原因
意识形态、国家领导人认知	具体情况具体分析

这里有必要补充说明次要原因与主要原因的关系。在本书中，主要原因的本质是国家重大利益，而次要原因的本质则是国家次要利益，[①] 因此，本书分析次要原因与主要原因的关系，实质是分析国家重大利益与国家次要利益的关系。一方面，它们相互统一、相互促进，具体表现为，国家重大利益的实现会促进次要利益的实现，反之亦然，即国家次要利益的实现能促进国家重大利益的实现；另一方面，它们相互冲突、相互阻碍，国家重大利益的实现有时需要牺牲或舍弃部分次要利益。同时，有时会为了实现国家的眼前次要利益而损害国家长远重大利益。

直接原因＋主要原因＋次要原因→双边关系剧变。关于双边关系的发生机制及其发生过程，我们将在第四章中进行详细分析。

二、国家利益效用与国家双边关系剧变

上文分析了不同诱发因素的属性及其在国家双边关系剧变中的作用，在此基础上，我们将借助国家利益效用这个概念，构建一个国家双边关系剧变的分析框架，并进行假设演绎推理，即以国家利益效用为基础，提出几个理论假设。

（一）国家利益效用及其影响因素

国家有多方面需求，在不同时期，这些不同需求的轻重缓

[①] 关于国家利益重要性的划分或者说国家利益等级的划分，下文在介绍国家利益效用这一概念框架时将做进一步介绍。

急也不同。国家利益是国家双边关系的基础，国家利益的轻重缓急直接影响双边关系的变化程度和变化速度。什么是国家利益效用？有哪些因素影响国家利益效用？这是本部分要回答的两个主要问题。

1. 国家利益效用

现实生活中有很多衡量物体大小、轻重的单位，如测量长度的米、厘米、光年，测量重量的吨、千克等。通过这些具体而精确的度量单位，我们很容易对它们的大小和重要性进行比较。国家利益极其抽象和复杂，要对其大小、重要性和紧迫性进行比较极其困难。利益效用是阎学通创造的度量国家利益大小和轻重的单位。由于国家利益是抽象的，因此其衡量单位——利益效用也不可能是具体的、精确的，而是抽象的、模糊的，但它确实给我们提供了认识国家利益轻重缓急的一个思路和方法。国家利益效用这个概念是建立在国家利益的分类之上的。所谓国家利益效用，是指国家利益的价值，如同商品的价格或交换价值。阎学通主要结合国家利益的重要性和紧迫性来判断其效用。

（1）国家利益的重要性

根据国家利益的重要性对其进行等级划分，既是一个理论问题也是一个实践问题。不同学者对此有不同认识。不同学者依据重要性对国家利益进行了不同划分。摩根索认为，国家有三方面需求——领土完整、国家主权和文化完整，其中，国家生存是最本质、最重要的问题，其他都是次要问题。[1] 华尔兹

---

[1] Hans Morgenthau, "The National Interest of the United States," American Political Science Review, Vol. 66, No. 4, 1952.

认为，生存是国家唯一的利益。① 米尔斯海默则提出，国家安全是国家最重要的国家利益。他们两人的言外之意是，国家生存或国家安全以外的其他利益都是次要利益。俞正梁认为，国家安全、领土完整、社会制度和经济繁荣等基本要素是国家的核心利益，是国家利益在最高意义上的表现，具有相对稳定性。此外，还包括一般利益或次要利益，具有变化性和不确定性。②

阎学通认为，判断国家利益重要性的标准主要有质和量两个。根据不同标准，可以对国家利益的质进行不同划分，其中，最常见的标准是依据内容进行划分。国家利益的内容主要包括政治利益、安全利益、经济利益和文化利益。③ 如何确定不同性质的国家利益的重要性？阎学通认为，不同国家利益重要性的次序比较明显，其基本次序如下：政治利益重于安全利益，安全利益重于经济利益，经济利益重于文化利益。④ 国家利益的量即同一种国家利益量的大小。在国家利益性质相同的情况下，判断国家利益重要性是一件极其容易的事，因为，对于相同性质的国家利益，衡量其重要性只需比较数量的大小。比如，100亿桶原油比10桶原油多，因此，在质量相同的情况下前者比后者更重要。但对某国而言，进口100亿吨铜矿重要还是进口100亿吨铁矿重要，这种国家利益的比较则相对复

---

① ［美］肯尼思·沃尔兹著，胡少华、王红缨译：《国际政治理论》，中国人民公安大学出版社1992年版，第141—142页。
② 俞正梁：《变动中的国家利益与国家利益观》，《复旦学报（社会科学版）》1994年第1期。
③ 阎学通：《中国国家利益分析》，天津人民出版社1996年版，第23页。
④ 阎学通对不同国家利益的次序排序如下：民族生存、政治承认、经济收益、主导地位、世界贡献。这个排序与其对国家利益内容的分类不一致，因此，笔者在此基础上进行了一定的修正。阎学通：《中国国家利益分析》，天津人民出版社1996年版，第67页。

杂，因为只有根据国内外具体情况才能确定。阎学通根据国家利益的质和量，把国家利益分为重要国家利益和次要国家利益。

（2）国家利益的紧迫性

时间，即维护或实现国家利益所需要的时间，是判断国家利益紧迫性的唯一标准或因素。[①] 不同国家的国家利益紧迫性不同，同一国家在不同发展阶段，其国家利益的紧迫性也会有所差异，国家利益的紧迫性是国家制定发展战略的核心参照之一。

如何划分国家利益的紧迫性，即把国家利益的紧迫性划分为几个等级？这是国家制定发展战略的前提和基础。二分法是极其重要同时也是普遍使用的方法之一。以阎学通为代表的学者把国家利益划分为当前利益和长远利益两个等级。

三分法是另一种常见方法，它通常把国家利益的紧迫性划分为当前利益、中期利益和长远利益。无论在理论上还是在实践中，这种方法同样常见。在理论上，学者经常使用当前、不远的将来或可预见的未来以及长远等划分不同时段的概念。在实践方面，最广为人知的当属中国在1987年提出的三步走战略。

对于国家利益紧迫性的划分，主要有二分法和三分法这两种方法。在三分法中，可能是由于国内外形势复杂多变的原因，对中期、长期利益难以准确判断，因此，人们通常把中期规划与长远规划合为一体制定中长期发展规划，基于此，在国家利益的紧迫性上，我们主张将其划分为当前国家利益和中长期国家利益，方便起见，中长期国家利益被称为长远

[①] 阎学通：《中国国家利益分析》，天津人民出版社1996年版，第70页。

国家利益。

(3) 国家利益效用

我们在这里借用阎学通提出的利益效用概念来进一步分析国家利益。利益效用，即国家利益效用，是国家利益重要性与紧迫性的结合。不少学者在分析国家利益时强调，要认清国家利益的"轻重缓急"，这种认识或观点也是国家利益重要性与紧迫性相结合中的一种，但这种观点并没有明确指出国家利益重要性与紧迫性的关系。阎学通依据重要性和紧迫性把国家利益分成重大国家利益和次要国家利益、当前国家利益和长远国家利益，并分别对这四种国家利益赋值，重大国家利益赋值为2，次要国家利益赋值为1，当前国家利益赋值为2，长远国家利益赋值为1。国家利益重要性与紧迫性之间是相加关系，具体情况如表3-5：

表3-5 四种国家利益赋值

重要性 紧迫性	当前国家利益（2）	长远国家利益（1）
重大国家利益（2）	4	3
次要国家利益（1）	3	2

资料来源：阎学通：《中国国家利益分析》，天津人民出版社1996年版。

美国学者丹尼斯·德鲁和唐纳德·斯诺在《国家安全战略的制定》一书中，依据"利益强度"来排列国家利益等级，其思路与阎学通的国家利益效用异曲同工。在国家利益强度表格中，横向看，国家利益的强度从左至右依次减弱，即生存利益＞重大利益＞主要利益＞次要利益；纵向看，在实际层面，受威胁的基本利益强度从上往下依次减弱，即保卫领土＞保卫经济＞争取有利的世界环境＞增进利益。① 不同之处在于，阎学通直接明了地指出了时间因素（紧迫性），而德鲁和斯诺只是暗含了紧迫性。

将国家利益的重要性与紧迫性相结合对国家利益进行排序是常见思维。很多学者和课题组在划分国家利益的等级或层次时，已经将所谓的重要性和紧迫性结合在一起。如王逸舟的三分法依据的是"中国国家利益重要性及实现顺序"，所谓实现顺序，其实就是紧迫性。② 美国国家利益委员会则从美国现实国家需要出发，详细列出了20世纪90年代中期美国重大利益、极端重要利益、重要利益和次要利益的清单，在美国重大利益清单上所列举的国家利益，都是美国当前重大利益，包括美国本土不受到安全威胁，核武器和生化武器不流落到敌对势力手中，在欧洲和亚洲不出现可能挑战美国霸权的支配性区域大国，保护美国盟友安全。③

2. 影响国家利益效用的因素

前文已经明确指出，所谓国家利益效用，是以国家利益的重要性为基础，充分考虑国家利益的紧迫性，对国家利益的轻重缓急进行排列。有些国家利益的重要性不易发生变化，例如国家安全、生存、大国霸权，或者说，这些国家利益的重要性变化通常是极其缓慢的。但需要指出的是，这些国家利益的紧

---

① ［美］丹尼斯·德鲁、唐纳德·斯诺著，王辉清等译：《国家安全战略的制定》，军事科学出版社1991年版，第28页。
② 王逸舟：《国家利益再思考》，《中国社会科学》2002年第2期。
③ Graham Alison, "The Commission on America's National Interests," America's National Interests, July 1996.

迫性会发生变化，对于美国而言，冷战结束后，其国家安全受威胁的程度急剧下降，即美国国家安全的紧迫性下降，但重要性并没有下降。

由于在国家利益效用的两个影响因素中，国家利益的重要性通常是不变的或者变化是极其缓慢的，但紧迫性却是变化的且有时候是迅速的，因此，分析国家利益效用的关键不在于找出国家利益的重要性，而是分析影响国家利益紧迫性的因素。这与马斯洛的需求层次理论相近。马斯洛认为，人有不同层次需要，当更低层次的需求得到满足后，就会产生其他更高层次的需求。更容易满足的需求并不是不重要，只是由于其满足后，紧迫性下降了，给人以不重要的错觉。[①] 马斯洛的需求层次理论虽然用于分析个人，但其中逻辑对于分析国家利益不乏借鉴意义。国家利益的本质是国家需求。国家利益的需求并不是一劳永逸的，如中国曾经是石油出口国，1993年后则变成石油进口国。换言之，国家利益效用以及国家利益等级并不是一成不变的，而是变化发展的。影响国家利益紧迫性的因素主要有以下5个。

第一，国家发展水平。判断国家利益等级最基本的依据是国家发展水平或所处的发展阶段。对于新生政权，以及国内长期处于动荡、政权更迭频繁的国家而言，巩固政权，争取国内、国际社会对新生政权的承认，维护国内稳定是最高等级的利益，是其核心利益，经济发展虽然也是重要利益，但在紧迫性方面不及政治稳定，而国家尊严、文化、教育、体育等则是次要利益。对于政权稳定的发展中国家而言，发展经济是它们

---

① 洪兵：《国家利益论》，军事科学出版社1999年版，第25页。

当前的重大利益，国家安全、国家主权则是长远重大利益，而国家尊严、文化、教育、体育等则是长远次要利益。对于发达国家而言，国家自由、发展经济通常是它们当前的重大利益，国家安全、国家主权、国家领土则是长远重大利益，而文化、教育、体育等则是次要利益。

第二，国家实力。国家实力影响国家利益已经成为学界的基本共识。"国家依其相对实力考虑可能和不可能的国际行为，以其在系统结构中的位置定义国家利益。"[①] 这是每个国家，尤其是大国，认真思考和定位本国国际地位的重要原因。过高定位本国的国际地位，会承担过多国际责任；过低定位本国的国际地位，会削弱本国的国际话语权、降低本国的国际影响力。"国家实力不同，国家利益的构成也不同"，且同一利益在国家利益等级中的"位置会因为国家实力的变化而变化"[②]。超级大国与中小国家有关国家利益的判断常常有很大不同[③]。像新加坡这样的国家，虽然其经济发展水平很高且国际声誉很好，但由于体量太小，不可能追求美国那样的国际地位。

第三，国际环境。国际环境通常可以分为世界层面和地区层面。两个层面的国际环境有时候会从根本上影响一个国家的利益等级。世界层面，在第二次世界大战期间以及冷战期间，除极少数中立国外，绝大多数国家将国家安全和政治独立等"高级政治"作为国家的核心利益，而经济发展只是重要利益。

[①] 秦亚青：《霸权体系与国际冲突——美国在国际武装冲突中的支持行为（1945—1988）》，上海人民出版社1999年版，第55、83、131页。

[②] 刘志云：《国家利益的层次分析与国家在国际法上的行动选择》，《现代法学》2015年第1期。

[③] 李少军：《论国家利益》，《世界经济与政治》2003年第1期。

冷战结束后，经济发展成为很多国家的中心工作。2008年，美国次贷危机引发全球金融海啸，美国及其他主要国家的经济发展均受到严重冲击，维护金融稳定、维持经济发展成为当时很多国家的重大利益。地区层面，1931年"九一八"事变使中国的国家安全受到重大威胁，救亡图存成为当时中国的核心利益。

第四，国内外突发事件。有些国内或国际突发事件会改变国家利益的紧迫性，前文提及的1997年东南亚金融风暴、2008年全球性金融危机使经济利益成为当时很多国家的重大利益。2001年"9·11"事件的爆发使美国国家安全的紧迫性急剧上升，国家安全利益在较长一段时期内成为美国的重大利益。2010年部分阿拉伯国家发生的政治剧变使维护国家政治稳定成为它们的重大利益。国内外突发事件导致政府换届，新国家领导人上台后其认知的变化也会影响国家利益的紧迫性。

第五，国家领导人的主观认知。国家利益效用的判断既以外部世界的客观存在为基础，也受认知水平，主要是国家领导人认知水平的影响。国家领导人对历史发展趋势的认知，对时代特征的认知，对外部环境利弊的认知，[①] 对本国主要矛盾的认知等对国家利益效用产生一定影响。

（二）基于国家利益效用的双边关系剧变的理论假设

我们已经从内容上、作用上对引发国家双边关系剧变的因素进行了分类，详细介绍了国家利益效用概念框架，并分析了

---

① 阎学通：《中国国家利益分析》，天津人民出版社1996年版，第52—53页。

影响国家利益效用的五个因素。在此基础上，本书将提出三个以国家利益效用为基础的国家双边关系剧变的理论假设：一个基本假设和两个其他假设。基本假设是其他两个假设的基础。

1. 假设一（基本假设）：重大利益的变化是诱发国家双边关系剧变的基本条件

前文在依据作用对诱发因素进行分类时，将争夺霸权、领土争端、转移国内矛盾、安全威胁、国家主权维护、战略要地争夺、经济困难、贸易竞争8个诱发因素归类为主要原因。这8个因素之所以是诱发国家双边关系剧变的主要原因，是由它们的本质属性所决定的。依据国家利益的重要性，可以将国家利益划分为重大利益和次要利益。重大利益包含多种具体国家利益，诱发国家双边关系剧变的8个因素都属于重大利益。不同重大利益的紧迫性在前文分析的5个因素的影响下发生变化。

"只要世界还是由国家构成，国际政治的最后语言就只能是国家利益。"[1] 国家利益也是国家双边关系的最后语言。国家双边关系变化归根到底是由国家利益变化引发的。剧变不同于一般变化的原因，归根到底与其背后的重大利益有关。当重大利益中的某些利益在相关因素的影响下紧迫性迅速增加后，国家要及时采取措施以维护这些重大利益，否则，国家将遭受重大损失。调整外交战略、调整与他国关系是维护国家利益最常见的措施之一。为维护紧迫而重大的国家利益，国家调整与他国的关系，在速度上通常是迅速的，在程度上通常是激烈的，

---

[1] ［美］汉斯·摩根索：《政治学的困境》，芝加哥大学出版社1958年版，第68页。转引自：俞正梁：《变动中的国家利益与国家利益观》，《复旦学报（社会科学版）》1994年第1期。

最终导致双边关系剧变。

绝大多数国家将防止他国威胁本国安全、保卫国土安全视为本国的重大利益或核心利益。前文在分析国家利益的效用时曾指出，国家利益的内容以及不同国家的国家利益效用与一国实力息息相关。世界或地区大国将争夺或维护世界或地区霸权、争夺或守护战略要地视为本国的重大利益或核心利益。二战结束后，尤其是冷战结束以来，美国一直将维护世界霸权视为核心利益。小国或弱国实力较弱，国家独立性、国家主权容易被大国干涉，因此，国家主权在这些国家的紧迫性远高于大国。对于发展水平不高、政治不够稳定的国家而言，防止国内矛盾激化、及时转移国内矛盾是它们的核心利益之一。在某些特殊情况下，转移国内矛盾也会成为大国的重大利益。

所谓基本条件，是指要达到某个状态、得到某个结论所必须满足的最根本的事物。争夺霸权等8个诱发国家双边关系剧变的主要原因均属于国家重大利益，绝大多数双边关系剧变是由这8个主要原因诱发的，即使那些不是由这8个主要原因诱发的剧变，也以重大利益为基础，因此，我们得出一个结论：重大利益是诱发国家双边关系剧变的基本条件。这个结论是在总结本书案例基础上得出的，并不是对古今中外所有双边关系剧变案例总结出的结论，因此，这个由不完全归纳法得出的结论，在一定程度上也可以作为一个理论假设。

2. 假设二：国家领导人对重大利益认知的变化极易导致双边关系剧变

国家利益效用是国家利益的重要性与紧迫性的结合。一方面，国家利益的重要性和紧迫性是客观的，如果国家制定的外交战略不是以国家利益的重要性和紧迫性为基础，国家战略将是错误的，国家利益也将遭受重大损失；另一方面，国家利益的重要性和紧迫性也具有主观性，对于国家利益的重要性和紧迫性的判断，以及实现这些利益的战略、策略、手段、方式都具有强烈的主观色彩。国家领导人对国家利益认知对双边关系剧变的影响主要表现在以下三个方面。

第一，国家领导人对他国的情感会诱发国家双边关系剧变。国家领导人对他国的情感影响到他们对这些国家的认知。情感是一种特殊的认知。国家领导人对他国的情感是建立在他们对这些国家的认知之上。在本书案例中，有多个案例是由于国家领导人对于其他国家或国家领导人的特殊情感而引发国家双边关系剧变。七年战争中，在战场上兵戎相见的俄普两国是典型的敌人关系，然而在酣战之际，继任俄国皇帝的彼得三世是普鲁士国王腓特烈二世的崇拜者和追随者。他即位后不久就宣布退出战争并归还所占领的普鲁士领土，还同普鲁士签订同盟条约，不久后俄军以普鲁士盟国身份参战。在反复无常的俄乌关系中，乌克兰国家领导人对俄罗斯或对西方的情感是导致两国关系反复剧变的重要因素。可见，一国领导人对他国或他国领导人的特殊情感，有可能直接诱发双边关系剧变。

第二，国家领导人对国家利益紧迫性的认知有可能诱发双边关系剧变。国家利益极其庞杂多样，同时又具有一定的主观性，对于国家利益的重要性和紧迫性，即国家利益的轻重缓急，不同国家领导人有不同认知，同一国家领导人在不同时期也有不同认知。国家领导人对国家利益认知的变化极有可能改变利益效用值，并诱发国家双边关系剧变。

第三，国家领导人对国家间关系在国家战略中定位的变化有可能引发国家双边关系剧变。国家间关系的实质是国家维护本国国家利益的手段或工具，不同领导人对于同一双边关系在国家战略中作用的认知会有所差异，这种认知上的差异有时会影响国家双边关系剧变。二战期间，丘吉尔认为，为了应对德国的安全威胁，英国应该与苏联联盟，而张伯伦则担心英苏联盟会刺激德国，进而加快德国对英国的进攻，因此，英国一度施行绥靖政策以"祸水东引"。

国家领导人认知可以成为双边关系剧变的主要原因，卡塞姆军事政变后美国与伊拉克关系的快速恶化以及伊朗伊斯兰革命后与美国关系的急剧恶化，主要原因均是国家领导人认知的变化。在极端情况下国家领导人认知还是双边关系剧变的充分条件，如七年战争时期俄普关系的迅速改善。此外，国家领导人对国家利益认知的变化也可能是双边关系剧变的催化因素，如二战期间英苏关系的迅速改善。在本书案例中，以国家领导人认知为主要原因诱发的双边关系剧变共有3例。其中，以国家领导人认知为唯一主要诱发因素的案例1例，以国家领导人认知和其他因素为主要原因共同诱发的案例共2例。

表 3-6　国家领导人认知作为主要诱因

主要原因		相关案例
国家领导人认知	唯一诱发	七年战争中普俄关系的戏剧性变化
	共同诱发	伊朗伊斯兰革命后与美国从盟友跨越至敌人；卡塞姆军事政变后美国与伊拉克从盟友跨越至伙伴

3. 假设三：意识形态超越当前重大利益后极易诱发国家双边关系剧变

前文已经简要分析了意识形态与国家利益的关系。意识形态与国家利益的关系决定了它在国家双边关系剧变中所发挥的作用。

第一，当某国把意识形态置于国家利益之上时，双边关系极可能发生剧变。当意识形态成为一国指导对外关系的主导因素时，该国为了追求意识形态所反映的价值观，忽视国际社会中国家间交往应该遵守的一些基本原则或准则而干涉他国内政，极可能导致两国关系急剧恶化。

表3-7　意识形态作为主要诱因

意识形态	
当前重大利益	国家利益
当前次要利益和长远重大利益	
长远重大利益	

第二，意识形态是政治利益的重要组成部分，维护意识形态的正确性会诱发国家双边关系剧变。对于建立之初的政权而言，证明意识形态的正确性、维护意识形态在本国的指导思想地位，是国家的核心利益之一，在这种背景下，意识形态属于政治利益。

在其他情形下，意识形态不是国家双边关系剧变的主要原因。意识形态主要发挥催化剂或工具性作用。当两国在重大问题上存在利益冲突时，意识形态成为两国关系急剧恶化的催化剂。第二次世界大战即将结束之际，美苏在意识形态上的严重对立，加剧了两国关系的恶化。当国家以意识形态为工具损坏他国主权时，也容易加剧双边关系恶化。此外，大国通常以意识形态为借口，干涉他国内政、对他国发动战争。

4. 对三个理论假设的补充和说明

以上三个建立在国家利益效用基础上的、关于双边关系剧变的理论假设，既是对相关案例、诱发因素归纳和分析后得出的结论，也是具有一定演绎和推论色彩的理论假设。对这三个理论假设进行适当的补充和说明，既有利于加深对国家双边关系剧变原因的认识，也有利于后文建立双边关系剧变发生机制。

第一，重大利益是国家双边关系剧变的基本条件，但并不是所有双边关系剧变都由重大利益诱发。关于双边关系剧变的第二个和第三个理论假设充分说明，重大利益并不是诱发国家双边关系剧变的唯一主要原因，国家领导人认知以及意识形态等非国家利益因素在某些情况下也会成为引发双边关系剧变的主要原因。

第二，双边关系以国家重大利益为基础而发生剧变。虽然国家利益并不是诱发双边关系剧变的唯一主要原因，但总体而言，双边关系剧变以国家重大利益为基础。本书案例均以重大利益为主要原因，这进一步说明重大利益在国家双边关系剧变中的作用。

第三，国家领导人认知变化诱发的双边关系剧变，仍然以重大利益为基础。前文已经指出，认知是影响国家利益效用值的重要因素。在 5 个影响国家利益效用的因素中，只有认知属于主观因素，国家实力、国家发展水平、国际环境以及突发事件等均为客观因素。客观因素导致国家利益效用的变化是国家利益的客观变化；而国家领导人认知引发的国家利益效用的变化，在某种程度上是一种想象的、虚拟的变化。

只有在极端情况下，如俄国的彼得三世执政时期，国家领导人才会把个人情感置于国家利益之上，弃国家利益于不顾或不够重视。在绝大多数情况下，国家利益的主观性，即国家领导人对国家利益的认知，是以客观利益为基础的，而不是随心所欲、天马行空的主观臆断。强调并分析国家领导人认知因素对双边关系剧变的影响，并没有轻视或忽视国家利益的作用，相反，这样做有利于我们从不同维度认识国家利益，也有利于我们更加全面地认知双边关系的影响因素，最终更好地维护一国的国家利益。

第四，意识形态诱发的国家双边关系剧变，不一定与重大利益相关。前文已经分析了意识形态与国家利益的关系。冷战结束后，美国外交政策常把自身意识形态凌驾于其他国家利益之上，通过发动战争等行为来制止在美国民众看来惨无人道的"大屠杀"。利用国家利益效用这个概念框架同样也能较好地解释意识形态诱发下的国家双边关系剧变：意识形态在某些影响因素的作用下，主观利益效用值迅速提高，凌驾于其他利益之上。

三、本章小结

本章的主要内容是分析双边关系剧变的原因。双边关系剧变是多个力的四边形共同作用的结果，换言之，导致双边关系剧变的原因是繁多且复杂的，我们先归纳了在双边关系剧变中发挥了不同作用的13个诱发因素，然后依据属性和作用，对它们进行分类。以阎学通的国家利益效用概念框架为基础，依据 13 个诱发因素的属性和它们在双边关系剧变中的作用，我们提出了关于国家双边关系剧变的三个理论假设：一个基本假设和两个建立在基本假设基础之上的假设。

一般情况下，按照"大胆假设、小心求证"的逻辑要求，在提出理论假设后，需要通过分析若干经典案例来检验或验证这些理论假设。由于本书的理论假设是在分析案例的基础上，根据国家利益效用的概念框架得出三个具有鲜明归纳性和总结性的理论假设，因此，本书将不一一对这三个理论假设进行检验。

国家双边关系剧变是如何发生的，即国家双边关系剧变的发生机制或发生模式是什么？这是第四章要回答的问题。第四章将以本章提出的三个理论假设为基础，根据不同因素在双边关系剧变中的不同作用，分别从双边关系迅速改善和急剧恶化两个方面考察双边关系剧变的发生机制。同时，我们还将对如何防范和应对双边关系剧变提出若干建议。

第 四 章

国家双边关系剧变的发生及防范应对机制

国家双边关系剧变的本质是一个过程。绝大多数过程有迹可循。国家双边关系剧变的发生过程或发生轨迹是什么？换言之，各种诱发因素对国家双边关系剧变的作用机制是什么，即在各种诱发因素的作用下，国家双边关系剧变的发生机制或发生模式是什么？很多国家之间存在前文分析的诱发国家双边关系剧变的基本条件，这就意味着，很多双边关系至少在理论上有发生剧变的可能。本章将在分析国家双边关系剧变发生机制的基础上，就如何防范和应对与他国双边关系剧变提出若干建议。

一、国家双边关系剧变的发生机制分析

第三章归纳、分析了诱发国家双边关系剧变的 13 个因素，并在此基础上借助国家利益效用这一概念框架提出了三个关于

国家双边关系剧变的理论假设。本章的主要内容是根据这些理论假设，发现或找出国家双边关系剧变的发生机制。

（一）国家双边关系剧变的发生机制

第三章在依据作用对诱发因素进行分类时，已经分析了直接原因或导火索、主要原因、次要原因在国家双边关系剧变中的不同作用。那么，这三者是如何共同作用，最终导致双边关系剧变呢？

诱发国家双边关系剧变的主要原因一直存在，为什么有时候它们会诱发双边关系剧变，而其他时间则不会？这是由直接原因或导火索的出现时间决定的。国际环境、国家实力、国家发展水平、突发事件和国家领导人认知是影响国家利益紧迫性的5个主要因素，也是引发国家双边关系剧变的直接原因或导火索。当这些影响因素以形形色色的导火索事件作用于主要原因时，国家利益效用值会发生客观变化或主观认知变化，这两种变化最终都极有可能诱发双边关系剧变。此外，在这5个因素的影响下，意识形态凌驾于国家利益之上时，也极有可能引发双边关系剧变。次要原因不会对剧变产生实质性、决定性影响，但它可能会加速剧变过程。

据此，我们可以建立起双边关系剧变的发生机制。直接原因或导火索→（主要原因＋次要原因）→双边关系剧变，如图4-1右侧区域。直接原因或导火索作用于主要原因和次要原因，主要原因的利益效用值迅速增加，在次要原因的加速或催化下，最终引发双边关系剧变。如果从变量的视角来分析，其中，主要原因和次要原因是自变量，而国家双边关系剧变则是因变量（图 4-1 左侧区域）。

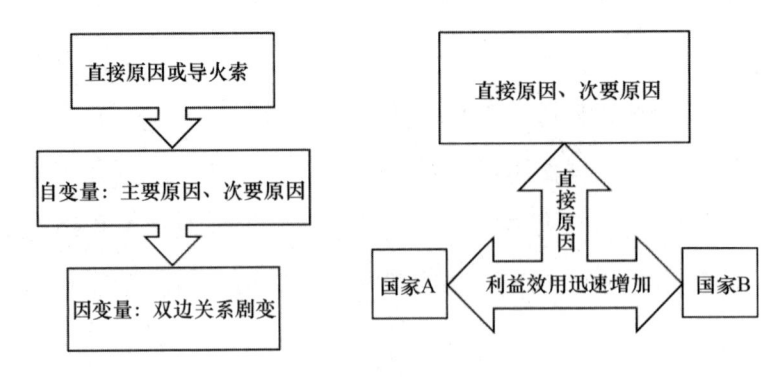

图 4-1 双边关系剧变发生机制示意图一

为了使双边关系剧变的发生机制更加清晰、明了和更具说服力，本章借助物理学中的电路图原理来进一步阐述双边关系剧变的发生机制。在电路图中，电源、开关和电灯是三个基本要件，当电线把这三个要件有机联在一起时，只要合上开关，电灯就会发亮（参见图 4-2）。电阻是影响电流的重要因素，在其他条件不变的情况下，电阻越小，电流越大。

在双边关系剧变的发生机制中，主要原因的作用类似于电路系统中的电源，两国之间如果不存在重大利益关系，一国（国家 A）不会在超越国家利益的意识形态的影响下损害他国（国家 B）重大利益，双边关系发生剧变的可能性较小。直接原因的作用则类似于开关，如果两国之间的重大利益关系没有在直接原因或导火索的作用下导致紧迫性迅速增加，双边关系剧变则只是一种理论上的可能，最终不会发生。辅助原因类似于传导性能更佳、阻力更小的电线。双边关系剧变则类似于电灯，在直接原因或导火索的作用下，重大利益的紧迫性迅速提高，利益效用值也相应增加，加上辅助原因的催化作用，双边关系最终发生剧变（参见图4-3）。

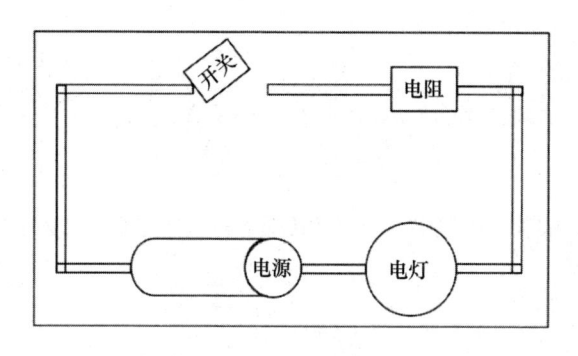

图4-2 电路图

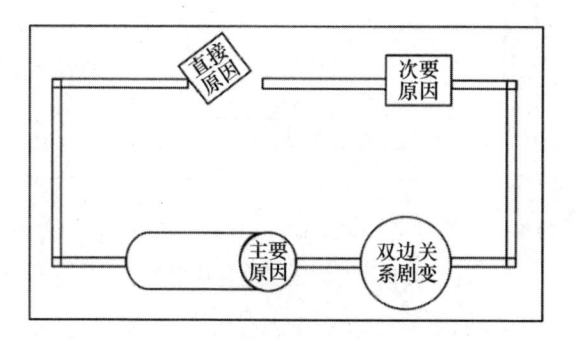

图4-3 双边关系剧变发生机制示意图二

在不同案例中，诱发双边关系剧变的主要原因有所不同。前文得出的关于双边关系剧变的三个理论假设，建设在不同主要原因的基础上。关于双边关系剧变的三个理论假设，均可以建立以电路图为基础的相应发生机制（图4-4、图4-5、图4-6）。由于这三个发生机制图除了主要原因不同外，其他地方均相同，且它们均属于主要原因。因此，这三个发生机制最终可以简化为图4-7。

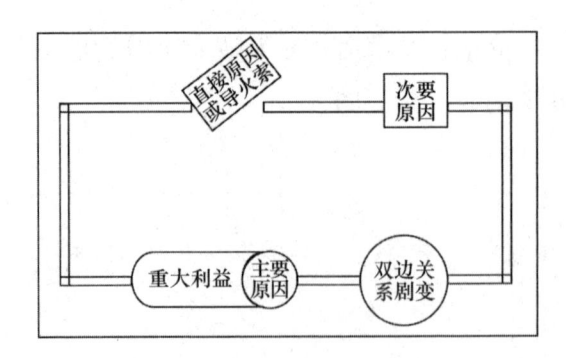

图 4-4　假设一：重大利益的变化是诱发国家双边关系剧变的基本条件

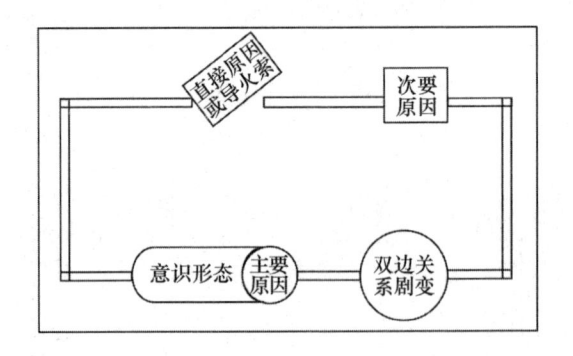

图 4-5　假设二：国家领导人对重大利益认知的变化
　　　　极有可能导致双边关系剧变

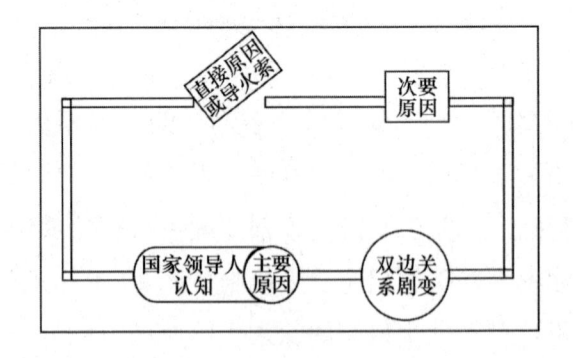

图 4-6　假设三：意识形态超越当前重大利益后极
　　　　有可能诱发国家双边关系剧变

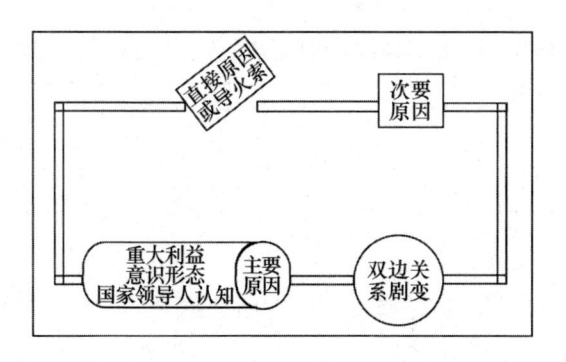

第四章 国家双边关系剧变的发生及防范应对机制 157

图 4-7 双边关系剧变发生机制示意图三

在此极有必要进行补充的是，这个以电路图为基础的双边关系剧变发生机制示意图，只是一种趋势图，即当这些条件都具备时，双边关系剧变更有可能发生，而不是也不可能像电路系统那样，只要各方面条件都满足了，电灯就一定会发亮。

国家双边关系剧变，按其变化方向，可分为上升、下降和反复无常三种类型，由于双边关系的反复无常是其上升与下降的结合，其发生机制同样也只是双边关系迅速改善与急剧恶化机制的结合，因此，本书并不单独分析双边关系反复无常的发生机制，而只是分析双边关系迅速改善和急剧恶化的发生机制。

本书共有 8 个双边关系迅速改善的案例，其中，在半年内发生剧变的案例有 2 个；急剧恶化的案例有 9 个，在半年内发生剧变的案例有 6 个。为什么半年内发生剧变的案例在两者中的占比差别如此之大？是否与这两者不同的发生机制相关？这也是下文要回答的重要问题之一。

表4-1　双边关系剧变类型案例数量（不包括反复型案例）

剧变类型	案例数量	半年内发生剧变的案例数量	占比
迅速改善	8	2	25%
急剧恶化	9	6	66.67%

在双边关系剧变发生机制的基础上，下文将进一步分别分析双边关系迅速改善的发生机制与双边关系急剧恶化的发生机制，并分别用两个案例来呈现两种发生机制的过程。在本书案例中，只有小部分案例发生在数天内，如彼得三世继任沙皇后数天内俄国与普鲁士结盟，卡塞姆发动军事政变数天后伊拉克就与美国结束同盟关系。在这两个极其特殊的案例中，双边关系发生剧变的过程太快，难以对其发生机制进行详尽分析。但大部分情况下，国家双边关系在发生剧变前，至少有一个国家会发出某些信号，国家在信号的作用下进行复杂互动，最终引发双边关系急剧变化。信号就是传递者旨在改变接收者对某人、某事或某个行为体的看法或意见，特意呈现出来的一系列可观察的信息及其特征。① 信号主要通过话语和行为两个方面呈现。信号不同于一般信息之处是，信号具有强烈的目的性、针对性，而后者则主要是一种事实呈现。② 通过观察国家双边关系剧变发生前的信号，以及发生过程中的一些事件尤其是主要事件，我们能发现其发生轨迹或发生机制。

---

① Diego Cambetta, "Codes of the Underworld: How Criminals Communicate," Princeton University Press, 2009, p.6.
② 尹继武：《诚意信号表达与中国外交的战略匹配》，《外交评论（外交学院学报）》2015年第3期。

（二）国家双边关系迅速改善的发生机制

国家双边关系迅速改善的发生机制总体而言与双边关系剧变的发生机制相似，因此，本书仍然以电路图的形式来阐述其发生机制。两国有重大共同利益，这是双边关系迅速改善的基本条件，即两国在国家安全、国家主权、领土完整等重大利益上有共同利益。直接原因或导火索作用于主要原因后，两国重大利益的效用值迅速提高，两国在这些重大利益上取得共识，在次要原因的催化下，两国共同采取行动，最终实现双边关系迅速改善。

这里必须重点指出的是，双边关系的迅速改善，通常是两国协商、谈判和妥协的结果，虽然国家间在国家安全、国家主权、领土完整等重大利益极端紧迫的情况下，会迅速达成共识，但必须在两国都同意后才能实现双边关系迅速改善，如果只是其中一国（国家A）愿意改善与他国（国家B）关系，而他国意愿不强烈（甚至没有意愿）且未采取行动，那么，双边关系迅速改善就不会发生。双边关系迅速改善的发生机制类似于串联电路，必须两个国家都同意，即两个"开关"同时按下，双边关系迅速改善才会发生。双边关系迅速改善的发生机制如图4-8。

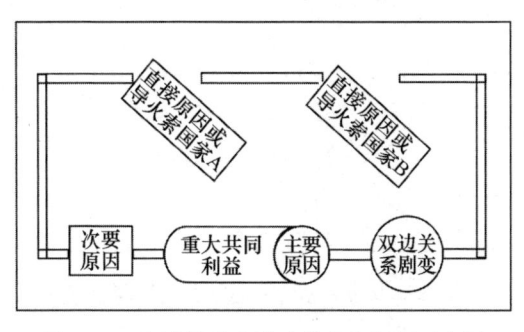

图4-8 双边关系迅速改善发生机制示意图

（三）国家双边关系急剧恶化的发生机制

双边关系急剧恶化的逻辑或机制与双边关系迅速改善大体相同，同样是以重大利益为主要原因，在直接原因或导火索的作用下，在某些辅助原因的催化下，最终发生剧变。就发生机制而言，两者的根本不同之处在于，双边关系的迅速改善是在两国经过协调、谈判并取得共识后才会发生，而急剧恶化则无需两国取得共识，只要其中某一个国家（国家 A 或国家 B）采取恶化行动后就会发生。如果说双边关系迅速改善的发生机制类似于串联电路的话，那么，双边关系急剧恶化的机制则类似于并联电路，国家 A 或国家 B 中任何一国在直接原因或导火索的作用下采取恶化双边关系的行动（即按下"开关"），双边关系急剧恶化就不可避免。其发生机制是，在直接原因或导火索的作用下，两国在重大利益上发生冲突，国家 A 或国家 B 采取恶化措施，另一国努力无效后采取报复性措施，此后，两国回应措施层层加码，双边关系持续恶化。其发生机制如图 4-9。

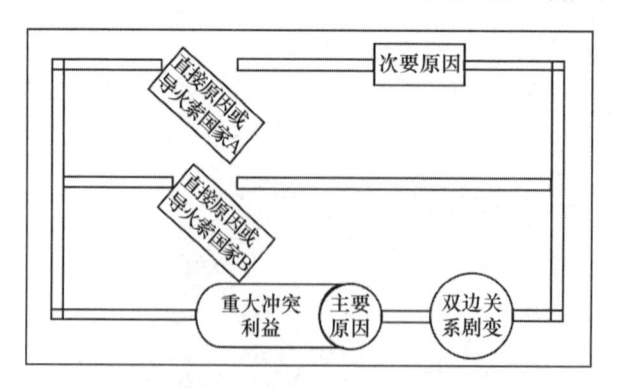

图 4-9 双边关系急剧恶化发生机制示意图

（四）国家双边关系迅速改善与急剧恶化发生机制的差异

双边关系迅速改善与急剧恶化均属于剧变，这是它们之间最大的共同点，这个共同点决定了两者的发生机制大体相同：都以重大利益为根本条件（主要原因），都以某些事件（有时候包括一些辅助原因）为直接原因或导火索，都以某些次要国家利益为辅助原因。前文通过相关案例分析了双边关系迅速改善、急剧恶化的发生机制，经过比较后发现两者间的主要差异有：

第一，基本条件/主要原因不同。双边关系的变化以国家利益为基础，双边关系剧变则通常以国家重大利益为基础。双边关系迅速改善以两国的共同重大利益为基本条件/主要原因，而双边关系急剧恶化的主要原因是两国在重大利益上相互冲突。苏德战争爆发后美苏和英苏两对双边关系迅速改善，主要原因是国家安全。二战结束后不久，美苏关系急剧恶化，德国这个最大安全威胁的消除是主要原因之一，两国争夺世界霸权也是主要原因之一。

第二，利益分配不同。双边关系迅速改善与急剧恶化的利益分配不同。当两国关系迅速改善时，两国均能实现本国的重大利益，通常是一种双赢局面。当两国关系急剧恶化时，一般而言，主动恶化双边关系的国家获利，而被动应对的国家则利益受损，1958年，卡塞姆军事政变后，美国与伊拉克关系急剧恶化，伊拉克是获利国，而美国是利益受损国；1979年，伊朗伊斯兰革命后与美国关系急剧恶化，伊朗是获利国而美国是利益受损国；美国发动海湾战争，美国获利，伊拉克利益受损。双边关系急剧恶化还容易出现双输局面。两种机制在利益分配上的不同，归根到底是因为诱发它们的主要原因不同，迅速改善以重大共同利益为基础，而急剧恶化则是因为两国在重大利益上有冲突。

第三，触发国家的数量不同。前文已经指出，双边关系迅速改善，必须是两个国家取得共识后才可能实现。双边关系的急剧恶化，既有可能是两国共同作用的结果，也有可能是某个国家单独行动的结果，如，1958年，卡塞姆军事政变后美国与伊拉克关系急剧恶化，1979年，伊朗伊斯兰革命后与美国关系的急剧恶化。

第四，运行方式不同。双边关系迅速改善是螺旋式上升，而急剧恶化则是加速度下降。双边关系的迅速改善是两国经过艰辛谈判后才取得共识，即使两国在重大利益上形成共识后，在无政府状态下的国际环境中，国家之间难以存在绝对信任，不可避免地对对方存在怀疑，通常会"走一步看一步"，确信对方会采取共识中的行动后本国才会采取相应行动。双边关系急剧恶化虽然也是国家间互动的结果，但以下三个原因决定了双边关系恶化是以加速度的方式运行，也解释了为什么在双边关系急剧恶化的案例中，发生在半年内的案例之比远高于迅速改善中相关案例的比例。首先，恶化过程难以控制。相比之下，一国更容易控制双边关系的改善进程，更难控制双边关系的下降速度。当一国不愿意改善与另一国的关系时，该对双边关系很难有实质性改善。但当一国不愿意恶化与另一国关系时，则不完全由本国控制，在大国与小国或强国与弱国的双边关系中尤其如此。其次，在双边关系恶化过程中，一国采取的报复性措施容易招致对方更大程度的报复。再次，当双边关系开始恶化时，一国通常会夸大对方的威胁或过分估计对方的恶意。

上述分析表明了双边关系迅速改善与急剧恶化机制之间的差异。在这四个差异中，第三个差异在双边关系剧变的发生机制上表现得最为明显，其他三个差异都是隐性的，因此，本书在用电路图分析双边关系迅速改善与急剧恶化的发生机制时，只强调了国家数量之间的差异。而两种发生机制在运行方式上的不同所导致的剧变时间上长短之差异，更多只是体现在趋势上。并不是所有双边关系迅速改善的时间一定长于急剧恶化的时间。有些双边关系的改善时间也非常短，如七年战争期间俄普关系的改善、拿破仑战争时期法俄关系迅速改善，都发生在一个月内；有些双边关系急剧恶化的时间较长，如二战结束之际美苏关系的恶化，其过程约两年半。

表4-2 双边关系迅速改善与急剧恶化机制比较情况表

剧变方向	基本条件/主要原因	利益分配	触发国家数量	运行方式
迅速改善（上升）	重大共同利益	双赢	两个	螺旋式上升
急剧恶化（下降）	重大冲突利益	零和或双输	两个或一个	加速度下降

二、国家双边关系剧变的防范应对机制分析

前文在分析双边关系剧变机制的基础上，分别分析了双边

关系迅速改善与急剧恶化的机制，虽然两者之间存在四点不同，但它们毕竟都属于双边关系剧变，在剧变前有诸多共同点，通过观察这些共同点，一定程度上能预先判断双边关系剧变，进而防止或促进某些双边关系剧变的发生。

与此同时，双边关系迅速改善与急剧恶化在发生机制上的四点不同，又需要我们在应对这两种双边关系剧变时采取不同措施。因此，笔者先对双边关系剧变进行预先判断，在此基础上，分别就促进双边关系迅速改善和阻止双边关系急剧恶化提出建议。

（一）国家双边关系剧变的防范机制

第三章在归纳诱发双边关系剧变因素的基础上分析了它们在双边关系剧变中的不同作用，这些因素尤其是主要原因存在于哪些国家之间，它们在哪些时间点上更容易发挥作用，在双边关系剧变前是否有迹可循？换言之，双边关系剧变更容易在哪些国家、哪些时间点上发生，在发生前是否会释放某些信号？分析并回答这些问题的本质是对双边关系剧变的预判。

1. 双边关系剧变易发国家分析

双边关系剧变是国际社会中的常见现象之一。安全威胁、国家主权维护、领土争端、战略要地争夺、转移国内矛盾、争夺霸权6个因素是诱发双边关系剧变的主要原因。存在上述6个诱发因素的国家更容易发生双边关系剧变。

通过分析和归纳本书案例，我们发现，这些因素主要存在于以下五类国家之间：面临共同威胁国、霸权争夺国、邻国、领土争端国、控制与被控制国。霸权争夺国、邻国、领土争端国这三类国家比较容易理解,于此不赘述。面临共同威胁国,是指共同面临来自第三方安全威胁的两个国家,即有共同敌人的两个国家。二战期间,德国入侵苏联后,英国和苏联就是面临共同威胁的国家。控制与被控制国之间的情形相对复杂,1648年以来,两国之间控制与被控制的现象较为普遍,殖民国与殖民地之间是控制与被控制国的关系;世界大国或地区大国与某些小国、弱国建立的傀儡政权也是控制与被控制国的关系。

进一步分析和归纳这些案例(具体案例参考表4-3)后发现,有4个案例发生在面临共同威胁的国家之间,占比20%;与霸权争夺相关的案例有12个,占比60%;邻国间案例有8个,占比40%;领土争端国间案例则有6个,占比30%;控制与被控制国之间案例最少,只有4个,占比20%。绝大多数双边关系剧变是由多个主要原因共同诱发的。

表4-3 双边关系剧变易发国家一览表

国家间关系	案例数量(个)	占比
邻国	8	40%
霸权争夺	12	60%
面临共同威胁	4	20%
领土争端	6	30%
控制与被控制	4	20%

于此需进一步说明的是,6个领土争端国同时也是邻国,在此意义上,可以把领土争端国这类国家间关系去掉,但在国际关系史上,发生领土争端的国家不一定都是真正意义上的邻

国，其中最具代表性的是1982年英国与阿根廷之间的马岛之争。在近代国际关系史上，有些大国占有的领土（殖民地）地理跨度非常大。英国和法国曾在多个洲占有领土（殖民地），而它们真正意义上的邻国则只是欧洲的周边国家。在现代和当代国际关系史上，随着领海和领空等广义领土的拓展，越来越多非邻国之间开始因广义领土问题而发生摩擦和争端。

分析表明，邻国之间和霸权争夺国之间是最容易发生双边关系剧变的国家，尤其是邻国之间。如果邻国都是地区大国甚至是世界大国，这样的邻国之间更容易出现双边关系急剧恶化；如果它们之间还存在领土争端，那么，急剧恶化的可能性将进一步增加。国际社会中不乏此类国家。在地缘经济的作用下，相邻大国通常在经济上相互依赖较深，同时，彼此军事力量都能对对方造成极大的威慑，因此，在现代国际社会中，即使这些国家三重关系叠加，发生战争的可能性也极小。在应对这类三重关系叠加的国家双边关系剧变时，最重要的是防止领土争端成为导火索，一旦双方在领土问题上发生摩擦后控制不当，极易伤害双边关系。

积极防范国家双边关系剧变并不意味着能完全使双边关系的变化朝着预期方向发展，而是指努力使它朝这个方向发展，即使最终并没有朝预期方向发展，能实现利益次优化，也未尝不可。

2. 国家双边关系剧变易发时间点分析

国家双边关系发生剧变的时间点是杂乱无章的，还是有迹可循的？分析本书案例后发现，国家双边关系剧变更容易发生在以下四个时间节点上：国家崛起、政府换届、突发事件、战争开始或结束。

国家崛起、政府换届和战争开始或结束这三个时间点都比较容易理解，也较少产生误会。突发事件相对复杂，于此进行必要解释。《中华人民共和国突发事件应对法》对突发事件的定义是："突然发生，造成或者可能造成严重社会危害，需要采取应急处置措施予以应对的自然灾害、事故灾难、公共卫生事件和社会安全事件。"虽然国际社会中的突发事件与国内社会中的突发事件存在一定区别，但它们至少在两个重要方面存在联系或相同：第一，有些国内重大突发事件会产生国际影响，如苏联解体、被控制国的政变（如1958年伊拉克卡塞姆军事政变、1979年伊朗伊斯兰革命）等。第二，国际和国内两个层面的突发事件都具有未知性、偶然性、突发性和不可控性。国际和国内两个层面都会发生突发事件，两个层面上的突发事件都会对双边关系产生影响。就国内层面的突发事件而言，其后果之一是国家领导人更替，就此而言，这类突发事件可以被纳入政府换届的范畴，在6个国家双边关系剧变发生在突发事件后的案例中，其中3个属于此类范畴。战争通常是在其中一方不知晓的情况下发生的，在这个意义上，战争也可以被纳入突发事件范畴，但由于战争是国际社会中最具影响的事件之一，因此，本书把它单列出来。

在这4个不同的时间节点上，国家崛起是双边关系发生剧变最频繁的时间节点，有10个案例发生在国家崛起之际，占比50%；发生在政府换届之后的案例有6个，占比为30%。突发事件案例5个，占比25%，如果去掉其中因突发事件导致政权更替的案例，则只有3个，占比15%。发生在战争开始或结束之际的案例共13个，占比65%。有些双边关系剧变发生在多个时间点的交叉点上，如，二战结束后美苏从盟友剧变为敌人，就是发生在国家崛起、美国总统更替和战争结束这三个时间的交叉点上。

表 4-4 双边关系剧变易发时间点一览表

时间节点	案例数量（个）	占比
国家崛起	10	50%
政府换届	6	30%
突发事件	5	25%
战争开始或结束	13	65%

分析表明，国家崛起和政府换届是国家双边关系最容易发生剧变的时间点，因此，本节只分析国家如何在这两个时间节点上防范双边关系剧变。

国家崛起至少会产生三方面影响：第一，对崛起国自身的影响；第二，对崛起国所在地区的影响；第三，对域外大国的影响。崛起中的国家更自信、更开放，有些国家还极具侵略性，如近代国际关系史上的葡萄牙、西班牙、荷兰、英国、法国、德国、俄国、美国、日本及现代国际关系史上法西斯势力领导下的德国和日本。国家崛起极有可能引发崛起国与周边国家、崛起国与域外大国之间双边关系的剧变。对于崛起国的邻国而言，它们主要是地缘政治上的担忧，而对于域外大国，则主要担心本国的国际影响力或世界霸权被削弱。这些都是国际关系史表明的、大国崛起比较容易引发的客观结果。其结果之一便是，崛起国与周边国家和域外大国的关系急剧恶化，与此同时，崛起国周边国家与域外大国关系迅速改善。

崛起国要防止与周边国家及域外大国关系急剧恶化，首先要释放足够的善意。崛起国家在与周边国家和域外大国交往的过程中，要牺牲部分次要利益，以赢得这些国家尤其是周边国家对本国的信任和支持。其次，当崛起国与这些国家发生利益摩擦和纠纷时，要注意技巧、把握分寸，对周边国家中弱国和小国的态度尤其要软化。如果崛起国家过于强硬，会强化这些国家"自我预言的证实"，最终可能弄巧成拙、因小失大。再次，要加强沟通和交流。崛起国与其他国家的部分冲突是由错误认知引发的，加强沟通可以有效降低错误认知引发的国家误判。当崛起国与周边国家关系良好时，域外大国的分化瓦解策略可能收效甚微，其"离岸平衡手"的角色也将无用武之地。当崛起国与域外大国相互信任、关系友好时，周边国家难有机会"抱大腿""傍大款"。

政府换届或国家领导人更替通常有两种情形：一种是通过正常的法定程序选举或任命产生，另一种则是通过暴力或政变形式产生。在这两种情形中，前一种居多。政府换届或国家领导人更替的直接结果之一是国家领导人认知的变化。前文已经分析过国家领导人认知变化对国家双边关系剧变的影响，它既可能引发双边关系迅速改善，也可能导致双边关系急剧恶化。在双边关系较友好的国家之间，在他国政府换届之际，主要任务是防止双边关系急剧恶化，以及应对双边关系恶化后可能产生的负面影响；而对于双边关系不友好或处于对抗状态的国家而言，则要利用他国政府换届的机会，促进双边关系迅速改善。

如何利用政府换届的机会使双边关系剧变朝本国有利的方向发展？首先，要了解新国家领导人的经历、性格和偏好等。国家这个机构虽然也是一部"机器"，但其特殊之处是由人构建而成，国家领导人是这架"机器"的核心部件之一。国家领导人的经历、性格和偏好一定程度上会影响他们对双边关系的定位和判断。其次，要观察他们在竞选期间和上任初期的言论。如果他们在竞选期间和上任初期对本国释放善意，则应以善意回应，以形成良性互动。如果对方释放的是不友好或恶意信号，则要及时沟通和交流，同时还要全面了解其外交政策的可能走向，便于本国及时应对。最后，当确定他国政府换届后两国关系将不可避免走向恶化时，国家要及时制定对冲战略，对方在本国外交战略中越重要，这种应对就要做得充分，以把负面影响降至最低。

3. 国家双边关系剧变前的信号观察

大自然存在很多先兆性信号，它们一旦出现，我们就可以预判一些现象的发生。例如，当某个地区某段时间大规模的鸡鸣狗叫比较频繁时，可以预判该地区可能会发生地震；当夏天看到大批蚂蚁搬家时，可以预判将有暴雨降临。"朝霞行千里，晚霞不出门。"国家间关系历经数百年的发展，国际社会已经建构了一套通畅有效的、用于国家间交往的符号系统，如建交、国家领导人的工作访问和正式访问、国事访问、谴责、抗议、制裁、断交和战争等。这些符号体系是国家释放和接收信号的主要媒介。一旦某些信号出现，我们就可以预判国家间关系的可能变化。一般情况下，国家双边关系在发生剧变前，至少有一个国家会释放一定的信号。在整个剧变过程中，国家会根据事态的进展释放不同信号，在某种意义上，国家双边关系剧变可以说就是不同信号的合集。

第一，观察他国是否释放了善意或恶意等信号。两国关系发生剧变的第一步，通常是从释放善意或恶意信号开始的。两个长期相互敌对或关系不友好的国家，一旦其中一个国家在某些特殊场合释放善意，意味着两国关系可能会迅速改善。两个盟友或关系长期友好的国家，当其中一国在某些特殊场合释放恶意，两国关系极有可能急剧恶化。二战结束后，杜鲁门对苏联的言辞开始不友好，斯大林则指责资本主义国家的不平衡将可能引发第三次世界大战。两国关系剧变前释放的善意或恶意信号，如暴雨将至前的蚂蚁搬家，传递着极富深意的信息。

第二，观察是否有特使访问或惩罚性制裁等信号。释放善意或恶意只是一种试探和意向，是国家双边关系剧变的前奏。也存在有些国家为了迷惑他国而释放假信号或欺骗性信号的可能，这需要各国在国际实践中认真甄别。一旦国家通过试探领会了对方的真实意图，双边关系剧变开始进入实质阶段。如果两个曾经敌对或关系不友好的国家开始有公开或秘密的特使访问和会谈，就双边关系改善中的核心问题进行谈判，意味着双边关系的改善进入关键阶段。如果特使访问或会谈成功，双边关系将可能迅速改善。若一国取消本国国家领导人与另一国国家领导人的会晤或访问，撤销某些重要援助甚至进行经济制裁，预示着两国关系将有可能急剧恶化。2015年，土耳其击落俄罗斯战机后，普京总统宣布了对土耳其的经济制裁令。特使访问、重要媒体上的言论、惩罚性制裁等信号，是暴雨将至前的狂风。

一国一旦观察到上述不同阶段的不同信号，一定要迅速采取相应措施，及时回应以促进双边关系迅速改善，或防止急剧恶化。虽然双边关系剧变并非单个国家能掌控，尤其是双边关系的急剧恶化，但各国应努力使双边关系剧变朝有利于本国的方向发展。

（二）国家双边关系迅速改善的促进机制

前文已经分析了在双边关系迅速改善前要认真观察的三个方面。一旦两国关系进入改善轨道，如何促使双边关系迅速改善呢？本书主要从以下四个方面提出对策。

第一，在交往初期，要理性分析共同利益。两个原本关系较差的国家一旦开始交往，表明两国在重大利益上的冲突开始缓和，并在重大利益上开始出现趋同。诚然，在国际社会中，两国即使存在共同利益，合作也经常失败，[①] 但这并不意味着一国只需关注本国利益而无视他国利益，因为，国家利益的实现通常是相互协调的结果。[②] 可见，两国之间如果没有共同利益，则合作没有基础，两国关系不可能迅速改善。

前文已经多次明确指出，国家存在共同重大利益是双边关系迅速改善的主要原因或基本条件。为何还要分析共同利益？这是因为，即使是重大利益，仍然可以对它进行更加精细的划分。国家利益等级越高，且紧迫性上升得越快，其利益效用值也越大，国家合作的意愿也越强烈。在这种情况下，国家可以牺牲次要利益或放缓小部分重大利益的实现来促进双边关系迅速改善。

第二，在交往中，要理性认识实力差距。尽管国家行为受到包括本国文化、国家领导人个性、突发事件、国际环境等诸多因素的影响，但国家实力是最基本的影响因素。小国在与大

[①] [美] 罗伯特·基欧汉著，苏长和、信强等译：《霸权之后：世界政治经济中的合作与纷争》，上海人民出版社2001年版，第4页。

[②] [美] 汉斯·摩根索著，徐昕等译：《国家间政治——权力斗争与和平》，北京大学出版社2006年版，第8页。

国交往时，由于实力存在巨大差距，对大国的戒备心理更强，对国家主权、国家安全更敏感。一般而言，在国家利益直接或间接受到威胁后，它们会做出更加快速而激烈的反应。大国一方面相对傲慢，另一方面，国家安全和国家主权相对有保障，因此，对小国的核心利益不够尊重，对小国的不安全感反应迟钝。

基于大国和小国在国家重大利益上的不同反应，当两个实力差距较大的国家开始改善双边关系时，就小国而言，在没有彻底了解大国举措背后的真实意图之前，不要做出过激反应；大国则要适当尊重和理解小国在国家安全、国家主权等核心利益上的敏感心理和脆弱心态，这样双边关系才更有可能迅速改善。

第三，在交往中，加强沟通与对话，构建战略互信。对于双边关系急需迅速改善的两国而言：一方面，它们在重大利益上有共同利益，急切盼望迅速改善与对方关系；另一方面，由于两国之前关系较差，导致两国"信任赤字"严重，进而在两国间形成"囚徒困境"。两国只有建立战略互信，才能最终实现双边关系迅速改善。

加强沟通与对话不一定能建立战略互信，但两国间若无有效沟通与对话，战略互信一定难以建立。当两国在战略利益上相互冲突时，对对方的战略意图越清楚，越有可能引发关系恶化。当两国存在共同利益，或者双边关系恶化不符合两国的重大利益时，明确对方战略意图可以促进两国合作。加强沟通与对话至少在两个方面有利于构建战略互信：一是明确对方的战略意图和战略目的；二是减少战略误判。

第四，在策略上，善用"大棒"或"胡萝卜"。本书梳理的案例表明，并不是所有双边关系迅速改善都建立在两国完全自愿的基础之上，有些合作或结盟是在他国（通常是大国）向其中一国施压后才实现的。遗产战争中英国与荷兰结盟对抗法国，原因之一是荷兰利用第二次英荷战争对英国的胜利迫使英国与它结盟对抗法国。第四次中东战争后埃及与以色列关系的迅速改善，原因之一是美国向以色列施加压力。此外，还有案例表明，国家利益效用更高的一国会通过给"胡萝卜"的方式促进与他国关系的迅速改善。法荷战争前，法国通过对英国提供经济和军事援助促成两国结盟以对付荷兰；拿破仑战争时期，法国通过承认俄国侵占他国的领土以及给予经济援助，最终促成两国从敌人变成盟友。一言以蔽之，国家要以本国的国家利益效用为基础，灵活应用"大棒"或"胡萝卜"促成双边关系迅速改善。

（三）国家双边关系急剧恶化的应对机制

前文已经从三个方面就预防双边关系急剧恶化提出了建议。双边关系急剧恶化的发生机制在某些方面不同于迅速改善的发生机制，基于此，在预防方面，本书在已有三点建议的基础上再做一点补充。

建立合作机制。建立机制一定程度上能缓解双边关系急剧恶化。在现实主义看来，在一个由国家组成的、以自助原则为生存法则的国际体系中，"国际机制中的原则、规范和规则必然是脆弱的，因为它们有与主权原则和相关的自助规范发生冲突的风险"，但国际机制是行为者在"自身利益的推动下所达成的一系列协议"，国际机制（即原则、规范、规则和决策程序）对行为具有一定的禁制含义，它们（即国际机制）"限定着特定的行动并禁止其他的行动"，它们"含有义务和责任"，"有些禁制是影响深远的"。[1]

尽管国际社会中不乏机制在禁制国家行为方面形同虚设的例子，但同样有很多机制影响甚至建构了国家行为，促进了国际合作，防止了关系恶化。对于一般邻国而言，建立多边对话机制甚至是区域性组织，是目前看来防止双边关系剧变最有效的办法。从欧共体到欧盟，经历过两次世界大战的西欧地区成为当今世界最和平的地区。东盟的存在，有效减少了东南亚地区军事冲突，东盟各国进入 21 世纪以后军事冲突几乎为零。机制的作用对减少争夺世界影响力的大国同样适用。

双边关系急剧恶化区别于迅速改善的重要一点是，诱发的主要原因或基本条件不同，前者是两国在重大利益上相互冲突，而后者则是两国存在重大共同利益。这导致两者产生的结果也不一样，迅速改善通常带来"双赢"；而急剧恶化有两种结果，一种是"双输"，另一种则是一国输另一国赢的"零和"结局。对于后一种结果，通常无法控制也难以缓解，而对于前一种结果，不论是从理论上还是在实践中，均有可能适当缓解甚至最终防止发生。基于此，下文将只就如何避免或缓解可能导致双边关系急剧恶化提出对策或建议。一旦双边关系进入恶化轨道，要及时采取措施阻止或延缓恶化的速度。其中有些措施或对策，在逻辑上与促进双边关系迅速改善相同，但在操作层面差异较大。

---

[1] ［美］罗伯特·基欧汉著，苏长和、信强等译：《霸权之后：世界政治经济中的合作与纷争》，上海人民出版社 2001 年版，第 71—75 页。

第一，在双边关系开始恶化初期，也要分析国家利益。这里分析国家利益的目的，是要清楚对方采取恶化双边关系的举措，是出于维护本国国家利益，还是因为领导人误判或迫于他国压力。如果对方是出于维护本国国家利益而恶化双边关系，则不属于"双输"结果，这类恶化通常难以避免。如果对方因为误判或迫于他国压力，而非完全出于维护本国国家利益，那么，这类恶化至少在理论上有防止的可能，或者能延缓恶化的速度，或者有可能修复短期内出现的急剧恶化。

第二，在双边关系开始恶化后，同样要理性分析他国的国家实力。在这个问题上，其中逻辑和注意事项与促进双边关系迅速改善相同，故不赘述。

第三，谨慎采取反制措施。面对其中一国恶化双边关系，另一国极易采取应对措施，其中，反制措施或报复措施极其常见。一旦两国在关系开始恶化初期就采取反制措施并不断在反制措施上"加码"，以迫使对方屈服或表明强硬态度，双边关系的恶化就容易形成加速度，最终演化成急剧恶化。

要避免在双边关系开始恶化后出现"双输"局面，一定要谨慎采取反制措施。所谓谨慎采取反制措施，其内涵有二：一是指不要轻率使用反制措施；二是指必要时可以采取反制措施，但要根据实际情况把握反制措施的力度。当其中一国恶化双边关系，而另一国并没有采取"以牙还牙"的反制措施，或只是采取力度"温和"的反制措施时，这通常是向对方释放善意，这种善意一旦被对方领会，就可能遏制住双边关系恶化的势头。

三、本章小节

诱发因素是自变量，双边关系剧变是因变量。笔者通过分析后发现，13个诱发因素以一种电路图的形式构成了双边关系剧变的发生机制。国家安全、领土等国家重大利益是主要原因或基本条件，其作用类似于电路系统中的电源；它们一旦在直接原因或导火索的作用下紧迫性迅速提升，双边关系极有可能发生剧变；而利益诱饵、他国施压等辅助性因素则类似于电路系统中阻力更小、电流更大的电线，它们加快或促进了双边关系剧变。

双边关系迅速改善与急剧恶化的发生机制在四个方面存在差异：基本条件或主要原因不同、利益分配不同、触发国家的数量不同、运行方式不同。就发生机制而言，最根本、最核心的差异是触发国家的数量不同。双边关系的迅速改善必须两国取得共识后才会发生，而急剧恶化则只要一国采取单独行动就可能发生。正因为如此，总体而言，双边关系急剧恶化在时间上比迅速改善更短。

国家应该如何根据双边关系剧变的发生机制做好防范和应对工作？总体而言，主要是做好两方面工作：在双边关系剧变前，要做好防范工作；在双边关系剧变开始后，要做好应对工作。

在预防环节上，重点要做好三方面工作：第一，要认真分析哪些国家更容易出现关系剧变。第二，要认真分析在哪些时间点上双边关系更容易出现剧变。第三，要善于观察和发现，在双边关系剧变发生前释放的信号。在预防急剧恶化方面，还要及时建立一些合作机制，以缓解恶化速度。

一旦双边关系开始剧变，国家要及时促进双边关系迅速改善或防止急剧恶化。在促进双边关系迅速改善方面，要做好四方面工作：在交往初期，要理性分析共同利益；在交往中，既要理性认识实力差距，又要加强沟通与对话，构建战略互信；而在策略上，要善用"大棒"或"胡萝卜"。在防止急剧恶化方面，除了要理性分析两国间的共同利益和国家实力外，还要谨慎采取反制措施。

余　论

一、内容总结

本书正文部分共四章，主要内容如下：

第一，所谓国家双边关系剧变，是短期内（通常不超过两年半）两个国家关系性质的变化。国家双边关系通常处于以下两种状态中的一种：稳定状态或变化状态，即使在稳定状态中，也有细微变化或波动。总体而言，国家双边关系都是波动的、变化的，剧变是一种较为特殊的变化。国家双边关系剧变，既指双边关系变化的速度，也指双边关系变化的程度，一言以蔽之，剧变是指双边关系在短期内（通常不超过两年半）发生质变。

第二，外交行动或外交事件是判断两国关系状态和两国关系性质的核心标准。在国际社会中，不同外交行动或外交事件具有不同含义，例如，当一国撤回在另一国的外交大使或宣布断交时，我们可以确定两国之间是对手关系，两国关系进入对抗状态；当一国向另一国发动战争时，我们可以判断，两国处于战争状态，两国是敌人关系。总体而言，通过观察这些外交事件或外交行动，我们能判定两国在既定时期内的关系性质。

第三，通过梳理1648年以来的国际关系史，本书选取了具有代表性的20个案例。就剧变方向而言，两国关系迅速改善的案例有8个，占比40%；双边关系急剧恶化的案例有9个，占比45%；反复无常型的案例有3个，占比15%。在20个案例中，剧变时间短于半年（含半年）的案例有12个，占比50%；一年半至两年半的案例有7个，占比29.2%，半年至一年半的案例有5个，占比20.8%。在20个案例中，跨越型剧变案例有15个，占比75%，逐级型剧变案例有5个，占比25%。其中，极端跨越型，即从敌人跨越至盟友（包括准盟友或实质盟友）或者从盟友（包括准盟友或实质盟友）跨越至敌人的案例有10个，占比50%。

第四，通过对案例的归纳，我们发现了诱发双边关系剧变的13个因素。13个诱发因素依据内容可以分为客观国家利益和主观国家利益，依据在双边关系剧变中的作用，可分为主要原因和辅助原因。

第五，国家双边关系剧变的发生机制类似于电路图。主要原因类似于电路系统中的电源，辅助原因类似于电路系统中电阻更小、电流更大的电线，直接原因或导火索类似于电路系统中的"开关"。双边关系迅速改善与急剧恶化的发生机制基本一致，但两者之间也存在四点差异，其中最主要的区别是，双边关系迅速改善需要两国取得共识后才会发生，而急剧恶化只要其中一国采取恶化行动后就可能发生。

第六，要及时防范和应对国家双边关系剧变。在防范双边关系剧变上，要做好三点防范：要留意双边关系剧变的易发国；要注意双边关系剧变的易发时间点；要善于观察和解读他国的信号。当双边关系开始改善时，要理性分析国家利益和国家实力，要加强沟通建立互信，要灵活运用不同策略以促进双边关系迅速改善。当双边关系恶化时，既要理性分析国家利益和国家实力，谨慎使用反制措施，以防止双边关系急剧恶化。

二、对几个关键问题的进一步说明

以下几个问题是本书的基础性问题或核心问题，于此进一步澄清和总结。

首先，双边关系迅速改善与急剧恶化的逻辑相同吗？笔者多次就本书内容求教于他人。大部分人听到后会质问两点："你是研究双边关系迅速变好还是急剧恶化中的一个？还是两个都研究？"紧接着又问："把它们放在一起研究可以吗？这两者的逻辑相同吗？"

笔者在选题之前以及写作过程中反复思考这两个问题——把这两种在方向上看上去完全相反的现象放在一起，作为一个整体现象进行研究合适吗？它们的逻辑相同吗？诱发因素相同吗？发生轨迹相同吗？

笔者认为，将这两种现象放在一起作为一个整体现象进行研究，有其合理之处。主要表现在以下三个方面：

第一，在国际关系中，一对双边关系的迅速改善通常伴随着另一对双边关系的急剧恶化。遗产战争中英荷从敌人跨越至盟友伴随着荷兰与法国从盟友跨越至敌人。法荷战争前英法从敌人跨越至盟友伴随着荷兰与英国从盟友跨越至敌人。拿破仑战争时期法俄从敌人跨越至盟友伴随着俄国与英国从盟友跨越至敌人。虽然这种现象可以通过三角关系的视角进行研究，但双边关系是三边关系的基础，只有深入研究双边关系才能更加准确而全面的把握三边关系。

第二，第三章在归纳双边关系剧变的诱发因素时已经提及，导致这两种现象发生的因素是相同的。

第三，两种现象的本质基本相同，都是两国关系迅速且明显的变化，即短期内（两年半以内）双边关系发生的质变。换言之，国家双边关系剧变，也可以称之为国家双边关系在短期内发生的质变。同时，两者的发生轨迹也有相似之处，都有迹可循。

其次，判断双边关系发生剧变的依据是什么？换言之，如何判断诱发双边关系剧变的原因是在起点标志性事件之后而不是之前才开始起作用？这确实是一个极其棘手的问题。理论上，双边关系剧变的诱发因素始终存在，国家之间没有永恒的敌人，也没有永恒的朋友，只有永恒的利益。

可见，判断诱发因素在双边关系剧变中发挥作用的依据是标志性事件发生时两国关系的变化态势。如果标志性事件发生前，两国关系维持原状，而标志性事件发生后两国关系开始发生变化，并且在不超过两年半的时间发生质变，就可以确定双边关系剧变以此事件为起点，而诱发双边关系剧变的因素也主要是从起点标志性事件后开始发挥作用。

为了确保所选案例的代表性，本书在选取标志性事件时极其谨慎，只有起点和终点标志性事件完全符合本书要求，才视其为标志性事件。

最后，是否需要对双边关系剧变进行价值判断。笔者就本书内容求教于他人时，双边关系剧变的价值判断也是被经常提及的问题之一。双边关系剧变对国家有利还是不利？对于此问题，本书的立场是：不进行任何价值判断。主要原因有二：一方面，本书的初衷是分析双边关系剧变这一客观现象，对此现象不进行价值判断；另一方面，同一对双边关系的迅速改善或急剧恶化，对于不同国家有不同意义。对于双边关系中的当事国而言，双边关系的迅速改善似乎是一件好事，因此，要尽力促进双边关系的迅速改善。但有些双边关系的急剧恶化，却未必如此，海湾战争后美伊关系的急剧恶化，对于被欺凌一方的伊拉克而言，无疑是灭顶之灾，但对于美国而言，却受益颇丰。

参考文献

· 中文文献

1. ［美］艾尔弗雷德·塞耶·马汉著，李少彦等译：《海权对历史的影响（1660—1783年）》，海洋出版社2013年版。

2. ［法］达里奥·巴蒂斯特拉著，潘革平译：《国际关系理论》，社会科学文献出版社2010年版。

3. ［美］丹尼斯·德鲁、唐纳德·斯诺著，王辉清等译：《国家安全战略的制定》，军事科学出版社1991年版。

4. 《邓小平文选》，人民出版社1993年版。

5. 丁银河：《冷战后欧洲联盟多边外交战略研究》，武汉大学出版社2011年版。

6. 范鸿达：《从亲密到敌视：美国伊朗关系的演变》，厦门大学2007年博士后学位论文。

7. 范鸿达：《美国与伊朗——曾经的亲密》，社会科学文献出版社2006年版。

8. 方连庆、刘金质、王炳元主编：《战后国际关系史》，北京大学出版社 2003 年版。

9. 方连庆、王炳元、刘金质主编：《国际关系史（近代卷）》，北京大学出版社 2006 年版。

10. ［挪］盖尔·伦德斯塔德著，张云雷译：《战后国际关系史》，中国人民大学出版社 2014 年版。

11. 郭树勇：《建构主义与国际政治》，长征出版社 2001 年版。

12. ［英］赫德利·布尔著，张小明译：《无政府社会：世界政治秩序研究（第二版）》，世界知识出版社 2003 年版。

13. ［美］亨利·基辛格著，顾淑馨、林添贵译：《大外交》，海南出版社 1998 年版。

14. ［美］亨利·基辛格著，陈瑶华等译：《白宫岁月：基辛格回忆录》，世界知识出版社 1980 年版。

15. 洪兵：《国家利益论》，军事科学出版社 1999 年版。

16. 弘文编著：《合作还是对抗：中美峰会解读》，金城出版社 1998 年版。

17. 黄金祺：《外交外事知识和技能：涉外人员素质修养》，世界知识出版社 1999 年版。

18. ［印度］基尚·拉纳著，罗松涛、邱敬译：《双边外交》，北京大学出版社 2005 年版。

19. ［美］朱迪斯·戈尔茨坦、罗伯特·O. 基欧汉编，刘东国、于军译：《观念与外交政策：信念、制度与政治变迁》，北京大学出版社 2005 年版。

20. 蒋玉山：《博弈与互动：后冷战时期中、美、越三边关系研究》，暨南大学 2012 年博士学位论文。

21. ［美］卡尔·多伊奇著，周启朋等译：《国际关系分析》，世界知识出版社 1992 年版。

22. ［美］肯尼思·华尔兹著，信强译：《国际政治理论》，上海人民出版社 2003 年版。

23. ［美］肯尼思·华尔兹著，倪世雄等译：《人、国家与战争：一种理论分析》，上海译文出版社 1991 年版。

24. 李宝俊：《当代中国外交概论》，中国人民大学出版社 1999 年版。

25. ［美］理查德·克罗卡特著，王振西主译：《50 年战争》，新华出版社 2003 年版。

26. 李丹慧编：《北京与莫斯科：从联盟走向对抗》，广西师范大学出版社 2002 年版。

27. 刘德喜著：《从同盟到伙伴——中俄（苏）关系 50 年》，中共党史出版社 2005 年版。

28. ［美］张少书著，刘凡、李皓译：《是朋友还是敌人？：1948—1972 年的美国、中国和苏联》，中央编译出版社 2014 年版。

29. ［美］罗伯特·吉尔平著，武军等译：《世界政治中的战争与变革》，中国人民大学出版社 1994 年版。

30. ［美］罗伯特·基欧汉著，苏长和、信强等译：《霸权之后：世界政治经济中的合作与纷争》，上海人民出版社 2001 年版。

31. ［美］罗伯特·基欧汉、约瑟夫·奈著，门洪华译：《权力与相互依赖（第 3 版）》，北京大学出版社 2002 年版。

32. ［美］罗伯特·杰维斯著，李少军等译：《系统效应：政治与社会生活中的复杂性》，上海世纪出版集团 2008 年版。

33. ［美］罗伯特·杰维斯著，徐进译：《信号与欺骗》，中央编译出版社2017年版。

34. [美] 罗伯特·杰维斯著，秦亚青译：《国际政治中的知觉与错误知觉》，世界知识出版社2003年版。

35. [英] 马丁·怀特著，赫德利·布尔、卡斯滕·霍尔布莱德编，宋爱群译：《权力政治》，世界知识出版社2003年版。

36. [美] 玛莎·费丽莫著，袁正清译：《国际社会中的国家利益》，浙江人民出版社2001年版。

37. 中华人民共和国外交部、中共中央文献研究室编：《毛泽东外交文选》，中央文献出版社、世界知识出版社1994年版。

38. [美] 莫顿·A. 卡普兰著，薄智跃译：《国际政治的系统和过程》，中国人民公安大学出版社1989年版。

39. 倪世雄等：《当代西方国际关系理论》，复旦大学出版社2001年版。

40. 秦亚青：《关系与过程——中国国际关系理论的文化建构》，上海人民出版社2012年版。

41. 秦亚青：《权力·制度·文化》，北京大学出版社2007年版。

42. 钱琪琛：《外交十记》，世界知识出版社2003年版。

43. [美] 乔治·H. 米德著，赵月瑟、王展鹏译：《心灵、自我与社会》，上海译文出版社2005年版。

44. [美] 斯蒂芬·沃尔特著，周丕启译：《联盟的起源》，北京大学出版社2007年版。

45. 唐贤兴主编：《近现代国际关系史》，复旦大学出版社2002年版。

46. 宋新宁、陈岳：《国际政治学概论》，中国人民大学出版社 2000 年版。

47. 王庆平：《俄罗斯与乌克兰关系研究》，黑龙江大学 2011 年博士学位论文。

48. 王绳祖主编：《国际关系史》，世界知识出版社 1996 年版。

49. 汪伟民：《联盟理论与美国的联盟战略——以美日、美韩联盟为例》，世界知识出版社 2007 年版。

50. 奚从清：《角色论——个人与社会的互动》，浙江大学出版社 2010 年版。

51. 夏建平：《认同与国际合作》，世界知识出版社 2006 年版。

52. 《现代汉语词典（第 6 版）》，商务印书馆，2012 年版。

53. 阎学通、孙学峰：《国际关系研究实用方法》，人民出版社 2007 年版。

54. 阎学通等：《中外关系鉴览 1950—2005：中国与大国关系定量衡量》，高等教育出版社 2010 年版。

55. 阎学通：《中国国家利益分析》，天津人民出版社 1996 年版。

56. ［美］约翰·鲁杰主编，苏长和等译：《多边主义》，浙江人民出版社 2003 版。

57. ［美］约翰·米尔斯海默著，王义桅、唐小松译：《大国政治的悲剧》，上海人民出版社 2003 年版。

58. ［美］约瑟夫·奈著，张小明译：《理解国际冲突：理论与历史》，上海人民出版社 2002 年版。

59. ［美］詹姆斯·多尔蒂、小罗伯特·普法尔茨格拉夫著，阎学通、陈寒溪等译：《争论中的国际关系理论（第五版）》，世界知识出版社 2003 年版。

60. 赵广城：《从合作到冲突：国际关系的退化机制分析》，世界知识出版社 2011 年版。

61. 张鸿石：《联盟及联盟之后——中国终止联盟的国际政治逻辑及替代战略研究》，时事出版社 2014 年版。

62. 郑启荣、牛仲君主编：《中国多边外交》，世界知识出版社 2012 年版。

63. 资中筠主编：《战后美国外交史——从杜鲁门到里根》，世界知识出版社 1994 年版。

64. 陈传金：《19 世纪的历次俄土战争》，《历史教学》1996 年第 11 期。

65. 陈寒溪：《中国如何在国际制度中谋求声誉——与王学东商榷》，《当代亚太》2008 年第 4 期。

66. 陈界：《19 世纪泛斯拉夫主义与俄土战争》，《史学集刊》2003 年第 3 期。

67. 陈小鼎、刘丰：《结构现实主义外交政策理论的构建与拓展——兼论对理解中国外交政策的启示》，《当代亚太》2012 年第 5 期。

68. 陈燕谷：《Hegemony（霸权/领导权）》，《读书》1995 年第 2 期。

69. 戴小江：《从战时同盟到美苏冷战》，《重庆交通学院学报（社会科学版）》2006 年第 1 期。

70. 杜桂枝：《拿破仑统治时期的法俄关系》，《驻马店师专学报（社会科学版）》1991 年第 1 期。

71. 范宏伟：《中缅关系的分裂与正常化：1967—1971 年》，

《河南师范大学学报（哲学社会科学版）》2008年第4期。

72. 范宏伟：《冷战时期中缅关系研究（1955—1966）——以外交部解密档案为中心的考察》，《南洋问题研究》2008年第2期。

73. 方长平：《国家利益建构的国内层次研究》，《欧洲》2002年第3期。

74. 方雄普：《六十年代缅甸的排华事件》，《侨园》2001年第4期。

75. 冯维江、余洁雅：《论霸权的权力根源》，《世界经济与政治》2012年第12期。

76. 高明振：《冷战起源探析》，《华中师范大学学报（哲学社会科学版）》1988年第2期。

77. 高照明：《俄国如何参与了七次反法联盟》，《河南社会科学》1996年第5期。

78. 贺圣达：《中缅关系60年：发展过程和历史经验》，《东南亚纵横》2010年第11期。

79. 黄登学：《俄罗斯与乌克兰：从"敌手"到"盟友"?》，《国际论坛》2011年第1期。

80. 克里斯特·琼森、陈思：《从组织际观点看国际组织与国际合作》，《国际社会科学杂志（中文版）》1994年第4期。

81. 李捷：《从解冻到建交：中国政治变动与中美关系》，《党的文献》2002年第5期。

82. 李金明：《"杜特尔特经济学"与中菲关系的改善》，《东南亚研究》2017年第6期。

83. 李少丹：《国际政治中的认知转变——以美国对中国的"认知转变"为例》，《国际政治科学》2013年第3期。

84. 李少军：《"冲突 - 合作模型"与中美关系的量化分析》，《世界经济与政治》2002 年第 4 期。

85. 李少军：《论国家利益》，《世界经济与政治》2003 年第 1 期。

86. 李石凯：《当代美国"新重商主义"述评》，《亚太经济》2006 年第 5 期。

87. 李增洪：《"重商主义"刍议》，《齐鲁学刊》1990 年第 6 期。

88. 梁军：《试论 1939 年的英法苏莫斯科谈判》，《华中师范大学学报（人文社会科学版）》2000 年第 3 期。

89. 梁志：《缅甸国家档案馆冷战时期中缅关系英文档案评介》，《冷战国际史研究》2014 年第 2 期。

90. 林民旺：《国家声誉的塑造与变迁：一个分析框架》，《外交评论（外交学院学报）》2013 年第 6 期。

91. 刘丰：《分化对手联盟：战略、机制与案例》，《世界经济与政治》2014 年第 1 期。

92. 刘建飞：《论意识形态与国家利益的关系》，《现代国际关系》2001 年第 7 期。

93. 刘啸霆：《论个体认识的发生机制》，《国际关系学院学报》1996 年第 2 期。

94. 李玉娟：《合作摇摆对抗——冷战起源三阶段》，《历史教学》2006 年第 5 期。

95. 刘志男：《1969 年，中国战备与对美苏关系的研究和调整》，《当代中国史研究》1999 年第 3 期。

96. 刘志青：《战后美苏矛盾的演变与冷战的开始》，《军事历史研究》2005 年第 4 期。

97. 刘中民：《当代伊朗外交的历史嬗变及其特征》，《宁夏社会科学》2011 年第 1 期。

98. 米歇尔·吕勒：《北约的昨天、今天和明天——北约：一个进化的组织》，《国际展望》2003 年第 20 期。

99. 陆俊元：《论地缘政治的本质》，《国际关系学院学报》2006 年第 4 期。

100. 麻光炳、李世安：《七年战争和威廉·皮特》，《贵阳师院学报（社会科学版）》1984 年第 2 期。

101. 马博：《杜特尔特"疏美亲中"政策评析：国家利益与个人偏好》，《国际论坛》2017 年第 4 期。

102. 马维野：《国家安全·国家利益·新国家安全观》，《当代世界与社会主义》2001 年第 6 期。

103. 马振超：《国家安全观念的内涵分析》，《公安大学学报》2000 年第 6 期。

104. 貌貌季、林锡星：《1962 年以来的缅甸外交政策——为维护集团生存的消极中立主义》，《东南亚研究资料》1985 年第 4 期。

105. 门洪华、刘笑阳：《中国伙伴关系战略评估与展望》，《世界经济与政治》2015 年第 2 期。

106. 倪学德：《援苏抗德与丘吉尔的现实主义外交》，《河南大学学报（社会科学版）》2009 年第 3 期。

107. 牛军：《论 60 年代末中国对美政策转变的历史背景》，《当代中国史研究》2000 年第 1 期。

108. 蒲晓宇：《地位信号、多重观众与中国外交再定位》，《外交评论（外交学院学报）》2014 年第 2 期。

109. 秦亚青：《国际关系理论中国学派生成的可能和必

然》,《世界经济与政治》2006年第3期。

110. 秦亚青:《国际关系理论发展的现状》,《国际观察》2016年第1期。

111. 宋继伟:《风险信号分析视角下的"黄岩岛模式"解读》,《河海大学学报(哲学社会科学版)》2016年第2期。

112. 沈莉华:《俄罗斯与乌克兰历史恩怨解读》,《俄罗斯东欧中亚研究》2013年第1期。

113. 苏浩:《中国外交的"伙伴关系"框架》,《世界知识》2000年第5期。

114. 陶文钊:《关于冷战起源的新解释》,《世界历史》1998年第2期。

115. 万松玉:《尼克松主义与中美关系正常化》,《河南大学学报(哲学社会科学版)》1989年第1期。

116. 汪波:《美苏冷战起因透析》,《安徽大学学报》1997年第6期。

117. 王帆:《关于冷战起源的几种解释》,《外交学院学报》2000年第2期。

118. 王君:《冷战以来缅甸中国观的演变研究》,《东南亚之窗》2013年第2期。

119. 王学东:《中国参与国际制度的声誉考量——对陈寒溪之学术批评的回应》,《当代亚太》2009年第2期。

120. 王逸舟:《国家利益再思考》,《中国社会科学》2002年第2期。

121. 王钰:《关于质变量变的定义及其相互关系质疑》,《宜宾师专学报》1992年第1期。

122. 王仲春:《中美关系正常化进程中的苏联因素(1969—

1979）》，《党的文献》2002 年第 4 期。

123. 吴雪明：《多维视角下的中国国际地位分析》，《上海行政学院学报》2004 年第 4 期。

124. 吴友法：《二战前英国绥靖政策的起迄问题——与陶樾同志商榷》，《世界历史》1981 年第 2 期。

125. 吴志成、陈一一：《国家间领土争端缘何易于复发》，《世界经济与政治》2015 年第 2 期。

126. 吴庆荣：《法律上国家安全概念探析》，《中国法学》2006 年第 4 期。

127. 邢悦：《国家利益的客观性与主观性》，《世界经济与政治》2003 年第 5 期。

128. 徐文泉：《国家利益的属性问题》，《现代国际关系》2000 年第 12 期。

129. 阎学通、周方银：《国家双边关系的定量衡量》，《中国社会科学》2004 年第 6 期。

130. 阎学通：《中国崛起的实力地位》，《国际政治科学》2005 年第 2 期。

131. 杨成：《利益边疆：国家主权的发展性内涵》，《现代国际关系》2003 年第 11 期。

132. 杨芳芳：《奈温时期的缅甸对华外交》，《珞珈史苑》2015 年卷。

133. 尹继武：《认知心理学在国际关系研究中的应用：进步及其问题》，《外交评论（外交学院学报）》2006 年第 4 期。

134. 尹继武：《国际政治心理学的知识谱系》，《世界经济与政治》2011 年第 4 期。

135. 尹继武：《诚意信号表达与中国外交的战略匹配》，

《外交评论（外交学院学报）》2015年第3期。

136. 尹继武：《单边默契、信号表达与中国的战略选择》，《世界经济与政治》2014年第9期。

137. 余红、王琨：《国家形象概念辨析》，《中州学刊》2014年第1期。

138. 俞正梁：《变动中的国家利益与国家利益观》，《复旦学报（社会科学版）》1994年第1期。

139. 岳德明：《冷战后缅甸对华政策刍议》，《外交评论（外交学院学报）》2005年第4期。

140. 詹德斌：《试析中国对外关系的差序格局——基于中国"好关系"外交话语的分析》，《外交评论》2017年第2期。

141. 张保权：《当代中国意识形态与政治发展互动关系探微》，《中国特色社会主义研究》2011年第3期。

142. 张附孙：《七年战争和"外交革命"》，《云南教育学院学报》1993年第4期。

143. 张敬新、苏俊燮：《国际制度中的霸权》，《国际观察》2001年第2期。

144. 张来仪：《21世纪以来的俄罗斯与土耳其关系》，《西亚非洲》2008年第8期。

145. 张清敏、潘丽君：《类比、认知与毛泽东的对外政策》，《世界经济与政治》2010年第11期。

146. 张世均：《论二战时期苏美关系的演变》，《青海社会科学》1997年第4期。

147. 张小明：《也谈冷战的起源》，《政治研究》1987年第4期。

148. 赵正源、林奎燮：《全球化时代国际关系中的文化与认同》，《国际政治研究》2004 年第 4 期。

149. 周光辉、李虎：《领土认同：国家认同的基础——构建一种更完备的国家认同理论》，《中国社会科学》2016 年第 7 期。

150. 周启乾：《日俄战争后两国间的四次协约》，《历史教学》1985 年第 11 期。

·英文文献

1. Alexander Wendt, "Anarchy is what States Make of It: The Social Construction of Power Politics," International Organization, Vol. 46, No. 2, 1992.

2. Amitav Acharya, "How Ideas Spread: Whose Norms Matter? Norm Localization and Institutional Change in Asian Regionalism," International Organization 58, Spring 2004.

3. Amy L. Catalinac, "Identity Theory and Foreign Policy: Explaining Japan's Responses to the 1991 Gulf War and the 2003 U. S. War in Iraq," Politics & Policy, Vol. 35, No. 1, 2007.

4. Baldev Raj Nayar, "India and the Super Powers: Deviation or Continuity in Foreign Policy?" Economic and Political Weekly, Vol. 12, No. 30, 1977.

5. Carr, Edward H., "The Twenty Years' Crisis (2nd edit., Macmillan)," Longman, Green, 1923.

6. Charles A. Kupchan, "How Enemies Become Friends," Princeton University Press, January 2010.

7. Clark, Ian and Iver Neumann (eds.), "Classical Theories

of International Relations," Macmillan, 1996.

8. Condoleezza Rice, "Promoting the National Interest," Froeign affairs, January/February, 2000.

9. Cutler, Claire A., "The 'Grotian Tradition' in International Relations," Review of International Studies, Vol. 17, 1991.

10. David Daokui Li and Yijiang Wang, "Political Conditions for Reform: China vs. Eastern Europe Revisited," Journal of the European Economic Association, Vol. 4, No. 2/3, Papers and Proceedings of the Twentieth Annual Congress of the European Economic Association, Apr. – May, 2006.

11. David Mccabe, "The Idea of the National Interest," Philosophical Forum, Vol. 30, No. 2, 2010.

12. Donald Nuechterlein, "The Concept of National Interests: A Time for New Approach," Orbis, Vol. 23, No. 1, 1979.

13. Martha Finnemore and Kathryn Sikkink, "International Norms Dynamics and Political Change," International Organization, Autumn 1998.

14. Frederic S. Pearson and J. Martin Rochester, "International Relations, 4th edition," McGraw-Hill, 1998.

15. George, Stephen, "The Reconciliation of the Classical and Scientific Approaches to International Relations," Millennium, Vol. 5, 1976.

16. Gishan Dissanaike and Imran Markar, "Corporate Financing in East Asia before the 1997 Crash," Journal of International Business Studies, Vol. 40, No. 6, 2009.

17. Greg Russell, "Hans J. Morgenthau and the National Inter-

est," Society, January/February 1994.

18. Grieco, J. M., "Anarchy and the Limits of Cooperation: A Realist Critique of the Newest Liberal Institutionalism," International Organization, Vol. 42, 1988.

19. Hans Morgenthau, "The National Interest of the United States," American Political Science Review, Vol. 66, No. 4, 1952.

20. James, Alan, "System or Society," Review of International Studies, Vol. 19, No. 3, 1993.

21. James Chace, "The National Interest," World Policy Journal, Vol. 10, No. 4, Winter, 1993/1994.

22. J. Peter Pham, "What Is in the National Interest? Hans Morgenthau's Realist Vision and American Foreign Policy," American Foreign Policy Interests, Vol. 37, 2015.

23. Joseph A. Camilleri, "A Leap Into the Past—in the Name of the 'National Interest'," Australian Journal of International Affairs, Vol. 57, No. 3, 2003.

24. Joseph S. Nye, "Redefining the National Interest," Foreign Affairs, July-August, 1999.

25. Julian Lindley-French, "Common Interests and National Interests: Bridging the Values/Interests Gap," American Foreign Policy Interests, Vol. 25, 2003.

26. Jutta Weldes, "Constructing National Interests," European Journal of International Relations, Vol. 2, No. 3, 1996.

27. KuKaare Dahl Martinsen, "National Interests in German Security White Books," National Identities, Vol. 12, No. 2, 2010.

28. Kuniko Ashizawa, "When Identity Matters: State Identity,

Regional Institution-Building, and Japanese Foreign Policy," International Studies Review, Vol. 10, Issue 3, 2008.

29. Oz Hassan, "Political security: From the 1990s to the Arab Spring," Contemporary Politics, Vol. 21, No. 1, 2015.

30. Peter J. Buker, "Identity Change," Social Psychology Quarterly, Vol. 69, No. 1, 2006.

31. Reus-Smit, Christian, "The Constitutional Structure of International Society and The Nature of Fundamental Institutions," International Organization, Vol. 51, No. 4, 1997.

32. Rogers M. Smith, "Identities, Interests, and the Future of Political Science," Perspectives on Politics, Vol. 2, No. 2, 2004.

33. Romm J., "National security: Non-military," Council on Foreign Relations Press, 1993.

34. Ruggie, J. G., "Continuity and Transformation in the World Polity: Toward a Neo-realist Synthesis," World Politics, Vol. 37, 1983.

35. Samuel P. Huntington, "The Erosion of American National Interests," Foreign Affairs, Vol. 76, No. 5, 1997.

36. Scott Wolford, Emily Hencken Ritter, "National Leaders, Political Security, and the Formation of Military Coalitions," International Studies Quarterly, 2016.

37. Shogo Suzuki, "The importance of 'Othering' in China's national identity: Sino-Japanese relations as a stage of identity conflicts," The Pacific Review, Vol. 20, No. 1, 2007.

38. The Commission on America's National Interests, "America's National Interests," July 2000.

39. Thomas Risse-Kappen, "Ideas do not Float Freely: Transnational Coalitions, Domestic Structures, and the End of the Cold War," International Organization, Vol. 48, No. 2, 1994.

40. Tina Burrett, "National Interests Versus National Pride," Roblems of Post-Communism, September/October 2014.

41. Watson, Adam, "Hedley Bull, State Systems and International Studies," Review of International Studies, Vol. 13, No. 2, 1987.

42. Yong Deng, "The Chinese Conception of National Interests in International Relations," The China Quarterly, No. 154, 1998.